토론의 전사 1 – 토론의 길을 열다

토론 교육 전문가 유동걸 선생님이
쉽게 풀어 쓴 토론의 모든 것

토론의 전사

| 유동걸 지음 |

DEBATE

토론의 길을 열다

한결하늘

'토론의 전사'를 열어가며

❝ 귀의 시대가 가고 입의 시대가 왔습니다.

자연과 인간의 아픔을 들을 줄 아는, 귀 큰 성인의 자취가 사라진 자리에 입의 욕망만이 가득합니다. 세상 어디나 자본과 권력을 가진 사람의 입에서 나오는 말들은 현란하지만, 귀는 꽉 막혀 세상은 온통 어지럽고 거리는 혼돈입니다.

교육을 통해서 오래된 미래의 비전을 길러 내야 하는 학교 역시 각종 욕망의 충돌, 제도의 압력으로 몸살을 앓는 단계를 지나 생존, 아니 존재 자체의 위협이 예사롭지 않게 느껴지는 상황입니다. 더 많이, 먼저, 빠르게 먹어 치우려는 욕망의 입들이 교실 안팎을 넘나듭니다.

돈이 없고 힘이 없어 학교에서 떨어져 나가는 아이, 부모를 잃어 가며 자기 스스로를 파괴해 나가는 아이들이 점점 비참해지는 현실에 아무도 귀를 기울이지 않습니다. 많은 교사들 역시 약자들을 위해 기울일 귀를 잃어버린 지 오래고 스스로 살아남기 위해 자기 입을 채워가기에 급급한 현실입니다.

토론 교육이 왜 필요할까요? 대학 입시, 논술, 독서, 주체성, 살아 있는 교실 만들기 등 그 높이와 깊이를 추구하는 목표들이 적지 않고 또 속내를 자세히 들여다보면 그들의 본질이 크게 다르지 않을 것입니다.

토론의 전문가가 없는 현실에서 저 역시 부족하고 보잘 것이 없습니다. 토론을 통해 선생님들을 만나고 토론이 살아나는 교육을 하는 데 작은 도움을 드려야 한다는 부담과 사명이 저를 이 자리에 이르게 했지만, 제가 이번에 품은 꿈은 '귀의 부활' 입니다. 토론의 귀결점이 '입의 욕망' 이 아니라 '귀의 겸손' 임은 이미 선생님들께서 다 알고 계십니다. 기획안에 나온 내용도 대부분은 다 고민하고 만나 보신 내용입니다. 그럼에도 굳이 이런 자리를 만드는 것은 같은 시대, 비슷한 고민을 안고 가는 사람들이 빚어내는 공명의 장을 통해서 아직 바닥에 머물러 있는 토론 교육, 토론 문화의 뿌리를 좀 더 깊이 내리거나 그 싹을 한 뼘쯤이라도 더 올려 보려는 작은 몸부림이겠지요. 그 인연에 함께 하실 분들이 앞으로 세 달 동안 서로에게 스승이고 제자가 되리라 믿습니다. 그런 의미에서 이 공부가 철저하게 자기주도적인 참여형 강좌임은 스스로 잘 아시겠지요.

제목에 붙인 '전사' 라는 말이 낯설 듯 합니다. 원래는 '공부의 달인' 시리즈처럼 '달인' 이라는 말을 붙였는데, 토론 석 달 공부해서 달인이 된다면 세상에 달인 아닌 사람이 없을 터, 주제넘은 욕심을 버리고 소박하게(!) '전사' 라는 이름을 붙였습니다. 자본주의의 전장 터에서 언제 어디서 쓰러질지 모르는 교육의 전사들이 길러야 할 작은 무기를 벼리고 다듬는 마당이 되었으면 하는 심정에서죠. 토론의 전사들이 일구어 낸 비전이 만나는 궁극적인 자리는 그 꿈을 간절히 바라는 선생님들의 몫입니다.

토론을 통한 새 인연의 창조를 기다립니다.

이 글은 2009년 4월, '토론의 전사'라는 토론 공부 모임을 처음 열면서 보낸 안내문입니다. 어느덧 삼 년의 세월이 흘렀고 지난 삼 년간 함께 토론을 공부해 온 과정을 돌아보니 한편 부끄럽고 한편으로는 뿌듯하기도 합니다. 이 책은 '토론의 전사' 공부길에서 만난 많은 전사들과 함께 고민하고 공부한 과정을 모아 낸 작은 열매입니다.

토론 책의 제목에 '전사'라고 이름을 붙이니 이 책이 극렬한 싸움꾼을 길러 내는 논리 지침서가 아닌가 하고 오해하는 분들이 계시지 않을까 합니다. 이렇게 오해를 불러일으키는 '전사'라는 말에 대한 간단한 해명을 여기에 덧붙이고 싶네요.

전사에 대한 다른 오해는 전사를 극렬한 싸움꾼 즉 투사로만 인식하는 관점이 아닐까 싶습니다. 전사의 '사'는 단지 무사의 사(士)만을 의미하지 않습니다. 무지함을 밥으로 삼는 스승 사(師), 미로를 찾아가는 테세우스를 살리는 실 사(絲), 하염없이 흔들리는 마음의 밭을 이르는 생각 사(思), 알면서도 활을 당기지 않는 무의 경지를 이르는 쏠 사(射) 등등 그 의미는 무궁하답니다. 그러고 보면 싸움을 나타내는 전(戰)자 또한 단순히 싸움만을 나타내지 않음을 짐작하시겠지요.

이 책 본문에서 쿵푸의 달인 이소룡을 통해 토론의 철학과 싸움의 의미를 풀어 가는 내용을 보시면 아시겠지만, 전사는 단순한 말 싸움꾼을 뜻하지 않습니다. 예수와 소크라테스가, 디오게네스와 에밀 졸라가, 김구와 전태일이, 아니 수많은 인류의 성인들과 선현들이 진리를 찾아서 자기 삶을 온몸으로 던졌듯이 그렇게 온몸으로 세상에 맞서 불온하게 싸우는 사람들이 모두 진정한 삶의 전사, 토론의 전사인지도 모릅니다. 그런 의미에서 보면 '토론의 전사'는 삶을 자기의 온몸으로 배우고자 하는 모든 사람을 가리키는 은유이기도 합니다.

　최근 '디베이트(debate)'라는 서양식 토론이 우리 교육계의 화두가 되면서 언어나 논리의 싸움꾼을 양산할 조짐을 보이고 있습니다. 이성과 논리의 힘이 부족한 한국 사람들에게 디베이트 교육은 사고의 뼈대를 튼튼히 하고 인식의 피와 살을 보태는 좋은 교육 방법입니다. 하지만 대립과 승패를 축으로 하는 디베이트 교육의 바탕에 소통과 화합의 철학이 없다면, 디베이트 능력은 약육강식의 현대 사회에서 강자들에게는 강력한 무기가 되고 약자들에게는 논리의 피해자가 되어 피를 흘려야만 하는 현실을 강화하는 불평등의 괴물이 될지도 모릅니다. 토론의 전사는 자본주의 시대의 괴물이 아니라 그러한 괴물과 맞서는 평화의 사도로서의 토론을 배워 가는 작은 공부 과정입니다.

　이 책이 나오기까지 함께 길을 걸어 준 우정 어린 토론의 벗들에 대한 감사로 이 글을 마쳐야겠네요.

　2000년, 원탁 토론을 통해서 제게 처음으로 토론에 눈을 뜨게 해 주신 강치원 교수님께 먼저 감사의 말씀을 올립니다.

전사 1기는 산빛 이혜원 선생님과 함께 시작하였습니다. 처음 기획과 운영을 같이 시작했으니 이 책의 운명도 이혜원 선생님의 혼과 땀이 같이 일구어 낸 결실입니다. 전사 1기의 발을 내딛기 이전에 이혜원 선생님과 토론 공부를 같이 해 온 류선옥, 정경화 선생님은 토론의 전사 출범을 같이 축하하고 도와주신 은인들입니다. 이 자리를 빌어 감사의 말씀을 전합니다.

1기 전사로 참여해서 2기 이후 지금까지 전사의 길을 뜨겁게 함께 걸어 오신 김윤아 선생님이 아니었다면 토론의 전사는 이미 그 운명을 다했을지도 모릅니다. 매 기수마다 누구보다 헌신적으로 전사의 길을 같이 걸어 주신 김윤아 선생님께 토론의 영혼을 담아 감사 인사를 전합니다.

그동안 만났던 전사들이 그립습니다. 상상도 할 수 없는 내공들로 가득찼던 전사 1기들, 조촐하지만 따뜻한 마음으로 서로에게 토론의 기운을 나누었던 2기, 토론의 정석을 마련하는 기초를 닦아 주신 3기, 그리고 과천중학교의 화기애애한 4기 선생님들, 다름 속에서 조화를 이루어 나간 5기, 모두가 고등학교 선생님으로 구성돼 유난히 끈끈했던 6기, 전사를 마치고 배꽃 피는 날 만나자는 약속을 끝내 이루지 못한 7기, 짧은 시간 안에 훌쩍 만나고 아쉽게 헤어진 8기, 진솔한 목소리로 토론의 정수를 고민하던 9기 그리고 충북 영동에서 만난 10기 선생님들과 현장의 접목을 좀 더 구체적으로 고민하던 11기.

이 모든 과정을 함께 걸어 주신 전사분들이 계시지 않았다면 이 책은 빛을 보지 못했을 것입니다. 그런 의미에서 그동안 전사의 길을 거쳐 가신 모든 분들이 이 책의 공저자인 셈이지요.

교원캠퍼스에서 진행하는 온라인 연수, '소통을 꿈꾸는 교사들의 토론 여행'은 이 책의 원고를 다듬는 실질적인 역할을 했습니다. 이 책에서 들려오지 않는 목소리를 듣고 싶은 선생님들은 연수에서 생생한 목소리와 영상들로 만나 보시길 권합니다.

바쁘신 가운데 부족한 원고를 멋진 책으로 다듬어 주신 해냄에듀 정덕균 이사님과 김형국 차장님께도 감사 인사 올립니다.

지금은 하늘에 계신 부모님이 그립습니다. 늘 옆에서 응원하는 아내 명순 씨 그리고 한결, 하늘 두 아들에게도 무한히 감사하다는 지은 목소리의 인사를 전합니다. 그리고 누구보다도 이 책의 실질적인 주인이신 독자님들께도…….

2012년 3월 유동걸

나는 당신의 말에 동의하지 않는다. 하지만 당신이 그런 말을 할 권리를 위해 목숨 걸고 싸우겠다.

나는 당신의 사상에 반대한다. 그러나 당신이 당신의 사상 때문에 탄압을 받는다면 나는 당신 편에서 싸울 것이다.

볼테르의 저 유명한 경구를 기억하실 겁니다. 오랜 세월 입에 재갈을 물려 자유롭게 표현할 자유를 빼앗겨 온 우리로서는 볼테르의 관용과 용기가 가상하기만 합니다.

토론은 나와 다른 사상을 가진 사람의 말을 존중하는 데서 시작합니다. 상대방과 쟁점을 두고 치열하게 논리적인 다툼을 벌이지만, 그 바탕은 상대방에 대한 존중이고 그 목표는 궁극적으로 토론에 참여하는 사람들 모두의 진정한 소통입니다.

저는 한국 사회에서 소통과 토론에 대한 갈증을 느껴 온 지 오래입니다. 100분 토론, 쟁점 토론, 토론 배틀 등 언론 매체에서 진행하는 다양한 토론 프로그램이 없는 것은 아니지만, 진정한 소통의 마당을 찾아보기는 어렵습니다. 토론을 기싸움으로 인식하면서 무조건 이겨야만 한다는 경쟁의 풍토가 토론에 대한 올바른 이해를 가로막아 왔습니다. 토론의 역사가 짧고 토론에 대한 이해가 깊지 못한 까닭입니다. 토론의 어원은 논리의 싸움이지만 토론 자체가 승리만을 목적으로 하는 말싸움이 된다면 사회는 더 각박하고 메마를 것입니다.

그런 점에서 유동걸 선생님이 십여 년간 토론 현장을 바탕으로 고민해 온 토론에 대한 생각들은 참신합니다.

토론이 싸움이라는 일반인의 편견을 깨뜨리고 토론을 통한 새로운 공부의 철학과 토론의 의미, 토론의 방법 등을 자상하게 제시한 점이 기존의 다른 토론 책과 차별성을 보여 줍니다.

토론의 전사라는 멋진 비유 속에, 진정한 자아를 찾아가는 토론 공부의 길을 담아 낸 노력에 손뼉을 쳐 드리며, 모쪼록 이 책이 일반인이나 학교 현장의 교사와 학생들에게 토론 공부의 좋은 지침이 되기를 기원합니다.

2012년 3월 홍세화(언론인)

　모든 토론의 궁극적인 귀결은 한 가지 결론을 도출하려는 데 있지 않습니다. 그리고 토론은 어느 입장이 승리하고 다른 입장이 패배하는 심판의 자리도 아닙니다. 어느 경우나 토론의 파국이라고 할 수 있습니다. 모든 인간관계가 그렇지만, 토론도 자신과 상대방의 입장을 이해하고 공감하는 것입니다. 토론이 성공적으로 이루어졌다면, 우리는 서로의 차이를 긍정하는 데 이르게 될 것입니다. "아! 저 사람은 이 문제를 이렇게 이해하는구나."와 같은 식으로 끝났을 때 비로소 토론이 제대로 이루어졌다고 말할 수 있을 것입니다. 토론이 차이를 토대로 하여 차이를 낳는 기술일 수 있는 이유도 바로 여기에 있습니다.

　결국 토론한다는 것, 그것은 본질적으로 상대방을 사랑하려는 의지와 성숙된 자세가 없다면 불가능한 것입니다. 나를 긍정하지 않고 인정하지 않는 사람과 토론할 필요가 없는 것도 이런 이유에서인지도 모릅니다. 그래서 토론의 기술은 결국 사랑의 기술입니다. 역설적이게도 사랑에 미리 전제가 되는 기술이 있을 수는 없습니다. 기술 비슷한 것이 있다면, 그것은 자신의 판단과 감정이 옳다는 것을 괄호 치는 의지일 것입니다. 오직 그럴 때에만 우리에게 상대방의 속내를 읽을 여유가 생길 테니까 말입니다. 상대방의 속내를 정확하게 이해하고 그에 대한 자신의 입장을 피력하는 토론의 과정이 연인들의 사랑을 닮은 것도 이런 이유에서인지도 모를 일입니다.

이 책의 저자, 유동걸 선생님도 말합니다. "대립과 승패를 축으로 하는 디베이트 교육의 바탕에 소통과 화합의 철학이 없다면, 디베이트 능력은 약육강식의 현대 사회에서 강자들에게는 강력한 무기가 되고 약자들에게는 논리의 피해자가 되어 피를 흘려야만 하는 현실을 강화하는 불평등의 괴물이 될지도 모릅니다. 토론의 전사는 자본주의 시대의 괴물이 아니라 그러한 괴물과 맞서는 평화의 사도로서의 토론을 배워 가는 작은 공부 과정입니다." 너무나 위로가 되는 말입니다. 현직 학교 선생님이 토론의 정수를 영혼 속에 새기고 있다는 사실이 말입니다. 진짜 필요한 책이 너무 늦게 나온 것이 아닌지, 그것만이 제 한탄의 전부입니다.

　이 책을 통해 학생들뿐만 아니라 모든 이들이 토론의 기술이 사랑의 기술이라는 사실을 다시 한 번 자각하기를 바랍니다. 끝으로 좋은 책을 우리에게 선물해 주신 유동걸 선생님께 깊은 감사를 드립니다.

2012년 3월 강신주(철학자)

1

우리 시대의 코드는 소통

– 토론의 필요성

미칠　(아주 어이없다는 듯, 소리를 지르며) 속초? 속초를 왜 가?

일한　왜라니? 명절이니까 당연히 가야지.

미칠　(흥! 소리가 날 분위기로) 그럼 우리 집은 언제 갈 건데?

일한　우리 집 먼저 갔다가 가야지. 결혼한 사람들 다 그렇게 하잖아. 당연한 거 아냐?

미칠　당연, 당연, 뭐가 당연하다는 거야? 명절이라고 시댁 먼저 가라고 누가 정한 법이야?

일한　(누그러진 표정으로) 누가 정해서가 아니라 원래 다들 그렇게 하잖아.

미칠　(어이없다는 듯) 웃겨. 세상에 원래 그런 게 어딨어? 자기 나한테 명절 되면 속초 가자 의논이나 해 봤어? 어떻게 갑자기 통보를 해? 난 명절엔 각자 자기 집으로 갔으면 좋겠어.

일한　(깜짝 놀라) 뭐? 그럼 따로따로 각자 집으로 가잔 말야?

미칠　그래. 오랜만에 자기도 자기네 가족들 만나서 옛날 얘기하면서 재밌게 놀고, 나도 우리 식구들 만나서 재밌게 놀고, 그럼 얼마나 좋아?

일한　지금 그걸 말이라고 하냐?

미칠　내 말 틀려? 톡 까놓고, 자기 우리 집 가면 편해? 나도 자기 집 가면 안 편해. 그 기분 좋은 명절날 꼭 그렇게 남의 집에 가서 눈치 보면서 기분 잡쳐야겠어?

일한　(기막히고)

미칠　난 아직 자기네 부모님 안 보고 싶어. 결혼식 때 봤고 통화도 하잖아. 보구 싶음 자기나 가.

일한　뭐?

미칠　그리고 젤 기분 나쁜 건, 뭐든지 의논도 안하고 자기 멋대로 통보하는 거야. 세상에 당연한 게 어딨어? 난 그런 거 싫어. (탁 나가는)

일한　(진짜 돌 것 같은 표정으로, 한숨을 내쉬며) 돌겠네.

　　　　　　　– 케이비에스(KBS) 드라마 「소문난 칠공주」, 54회 중에서

소통의 중요성

　서로에 대한 이해와 공감이 전혀 느껴지지 않는 이 유별난 신혼부부의 대화를 들으면서 어떤 느낌이 드셨나요? 결혼한 지 얼마 안 된 부부의 대화치고는 너무 극단적이고 답답하죠? 이러한 드라마가 현실을 그대로 반영하는 것은 아니지만, 우리들이 일상에서 접하는 대화 속에는 이런 갈등 상황들이 적지 않습니다. 이런 갈등은 대화의 내용보다는 상대방에 대한 배려나 경청의 부족이 그 원인인 경우가 많습니다. 명절날 누구의 집에 갈 것인가를 상대방에게 먼저 물어보고 의견을 조정했다면 앞의 부부 같은 대화는 하지 않아도 되겠지요.

　소통 능력이 떨어지는 이 부부는 명절에 누구 집에 가야 할지를 대화로 풀지 못해 결국 가위 바위 보로 결정하는 웃지 못 할 상황을 연출합니다. 급기야 이혼의 아픔을 겪은 이 부부는 다시 재결합하는 과정에서 상대방에 대한 이해와 배려의 소중함을 깨닫습니다. 상대방의 입장을 인정하고 수용하는 공감 능력의 부재는 결국 서로에게 아픈 상처만 가져옵니다.

　좀 반대되는 이야기도 한번 살펴볼까요? 앞서 제시한 「소문난

영화 「잠수종과 나비」

칠공주」와는 반대로 아주 어려운 상황 속에서도 의사소통의 간절함과 중요성을 일깨우는 영화가 있습니다. 바로 「잠수종과 나비(The Diving Bell and the Butterfly)」(줄리앙 슈나벨, 2008)라는 영화입니다. 전신 불구가 되어 눈꺼풀만 움직여 소통하는 주인공과 그를 돌보는 한 여성의 삶을 통해 인간의 소통 욕구가 얼마나 강렬한지, 또 그것을 실현하는 기쁨이 얼마나 큰지를 따뜻하게 보여 주는 영화이지요.

이 영화의 주인공 장 도미니크 보비는 패션 잡지 『엘르』의 편집장입니다. 그러다 병 때문에 온몸이 마비되어, 침대에 누워서 눈꺼풀로만 소통을 하는 사람이지요. 주인공 보비는 무려 20만 번 이상 눈꺼풀을 깜빡여서 「잠수종과 나비」를 완성합니다. 장애인이든

> **장 도미니크 보비** | 1952년 파리에서 태어났으며 기자 생활을 하다 1991년 「엘르」의 편집장이 되었다. 1995년 12월에 갑자기 쓰러진 그는, 왼쪽 눈 하나를 제외하고 온몸이 마비가 된다. 알파벳을 하나씩 읊으면 눈을 깜박여 소통함으로써 15개월 만에 에세이 「잠수종과 나비」를 완성하고, 1997년 3월 짧은 생을 마감하였다. 이 책과 같은 제목으로, 보비의 실화가 영화화되었다.

비장애인이든, 아기든 어른이든 인간에게 얼마나 강렬한 소통 욕구가 있는지를 보여 주는 극적인 사례라고 할 수 있습니다.

소통 부재가 가져온 비극

돌이켜보면 우리 사회의 비극과 갈등은 대개, 아니 거의 대부분 소통 부재에서 옵니다. 가정이나 학교 혹은 국가 간에는 늘 크고 작은

긴장과 갈등은 있어 왔고, 그 원인은 주로 소통과 대화 부재였지요.

소통 부재로 인한 비극이 한두 가지가 아니지만, 미국 대학에서 종종 일어나는 총기 난사 사건은 그 극단을 보여 줍니다. 오래 전 일이지만 버지니아 공대에서 총기 난사 사건으로 세계를 충격으로 몰아넣은 조승희 씨 사건도 그러합니다.

사건의 전말을 살펴보면, 조승희 씨 역시 소통하지 못하는 답답함을 풀지 못해 그런 끔찍한 사건을 저질렀다고 볼 수 있습니다.

일단 조 씨를 둘러싼 주변 상황의 소통 부재가 있습니다. 당시 조승희 씨가 '사고를 칠 만한' 위험인물이라는 경고를 한 사람이 있었지요. 그러나 대학 경찰 당국이 주의를 기울이지 않았습니다. 이 또한 소통의 부재이지요.

사건 당시, 이 학교의 전임 영문학과장으로, 2005년 가을 학기에 조 씨가 수강했던 창작 수업의 공동 강의자였던 루신다 로이 교수는 당시 조 씨가 휴대전화로 여성들의 사진을 불법적으로 찍는가 하면 분노로 넘쳐난 에세이를 쓰는 바람에 충격을 받아 이를 대학 경찰 당국, 카운슬링 부서에 알리고 상담했습니다. 그러나 그 상담 결과에 따른 보고서의 내용을 경찰은 무시했지요.

조 씨의 유서는 이렇게 시작됩니다.

나는 이렇게까지 할 필요가 없었다. 나는 떠날 수 있었고, 도망칠 수 있었다. 그러나 그러지 못했다. 나는 더 이상 달릴 수가 없다. 나를 위한 것이 아니다. 나의 아이들과 형제자매들, 그들을 위해서 한 것이다. 너희는 오늘을 피할 수 있는 수백, 수천 번의 기회가 있었지만 결국 내가 이렇게 결정할 수밖에 없도록 나를 구석에 내몰았고 이제 내게 남은 선택은 하나다.

세상에 대한 분노로 가득한 이 글은 "너희들은 신탁예금으로도 만족하지 못하고 보드카와 코냑으로도 만족하지 못하겠지. 그 모든 유흥과 환락으로도 만족하지 못하겠지. 세상의 어떤 것도 너희들의 쾌락주의적인 욕망을 충족시키기에는 부족해. 너희들은 모든 것을 가졌잖아."라는 냉소적인 말로 끝을 맺습니다.

많은 것을 소유했지만 자신에 대해서는 이해의 눈길과 따뜻한 손길을 건네지 않는 세상을 향한 증오와 복수의 감정은 이렇듯 무섭게 나타납니다.

사람들은 행복을 추구합니다. 그러니 자신이 진정으로 행복하다고 말하는 사람은 많지 않습니다. 소유한 것은 많아도 소통의 즐거움과 보람을 찾지 못했기 때문입니다. 우리는 학교나 가정, 사회에서 수많은 관계를 맺으며 살아가지만, 소통을 하지 못하면 결코 행복한 삶을 살아갈 수 없습니다.

21세기는 정보 사회 혹은 지식 정보화 사회라고 하지만 저는 소통 사회라 부르고 싶습니다. 지식과 정보도 결국 소통되지 못한다면 창고에 처박혀 고물이 되거나 한낱 쓰레기로 버림받기 때문입니다.

우리가 토론을 고민하고 토론을 통해서 보다 나은 세상을 만들고자 하는 이유, 그것도 결국은 소통 능력을 키워서 행복한 삶에 도달하려는 가장 기본적인 욕구에서 비롯된 것이 아닐까요.

소통은 없고, 불통만 있는 우리 사회

2008년 6월 7일 자『한겨레』1면에는 다음 세 단어가 큼직하게 자리 잡은 광고가 실렸습니다. 인터넷 다음 카페 '소울드레서' 회원들이 십시일반으로 추렴해서 낸 광고였는데, 거기에는 큰 글씨로 이렇게 쓰여 있었습니다.

"국민은 '소통'을 하려고 하는데 '불통'이 되니까 '울화통'이 터집니다."

거창하게 국민들을 언급하지 않아도 우리는 일상에서 소통 불가능한 수많은 벽을 느낍니다. 인터넷 공간이나 현실 세계에서 수많은 사람들을 만나고 헤어지지만, 진정으로 서로를 이해하며 공감하는 시간은 많지 않습니다.

「지식채널 e」 가운데 소통 단절의 벽으로 인한 평화의 부재를 나타낸 것으로 '크리스마스 휴전' 편이 있습니다. 이 크리스마스 휴전 이야기를 자세히 기록한 책은 『엔트로피』(세종연구원, 2000)로 유명한 제레미 리프킨의 『공감의 시대』(민음사, 2010)입니다. 그 책의 첫머리는 다음과 같은 슬프고 애틋한 이야기로 시작합니다.

1914년 12월 24일 저녁, 프랑스 플랑드르 지방, 1차 세계대전은 다섯 달째로 접어들고 있었다. 유럽 변방 곳곳에서 수많은 군인들이 급조한 참호 속에 아무렇게나 몸을 웅크린 채 추위와 싸우고 있었다. 양측이 30미터에서 50미터도 채 떨어지지 않은, 엎어지면 코 닿을 거리를 두고 대치하는 곳이 부지기수였다. 상황은 참혹했다. 살을 에는 겨울 추위는 뼛속까지 파고들었다. 참호 속은 물이 흥건했다. 병사들의 숙소에는 쥐와 해충이 우글거렸다. 마땅한 화장실이 부족한 탓에 곳곳에서는 변 냄새가 진동했다. 임시로 만든 시설의 오물과 진창을 피해 병사들은 선 채로 잠을 잤다. 죽은 병사는 양 진영 사이에 있는 무인지대에 버려졌고, 시체는 매장할 수 없어 아직 살아 있는 동료들이 빤히 지켜보는 가운데 썩어 갔다.

전장에 땅거미가 깔릴 무렵, 희한한 일이 벌어졌다. 독일군 병사들이 크리스마스트리 수천 개에 촛불을 붙이기 시작한 것이다. 위문용으로 보내진 자그마한 트리였다. 트리를 밝힌 병사들은 캐럴을 부르기 시작했다. 「고요한 밤」을 시작으로 여러 곡이 이어졌다. 영국군들은 넋을 잃고 바라보았다. 믿을 수 없다는 듯이 식신을 응시하던 한 병사가 길에 이어지는 참호의 불빛을 보며 중얼거렸다. "꼭 무슨 극장의 스포트라이트 같군." 영국 병사 몇몇이 머뭇거리며 박수를 쳤다. 조금 뒤엔 환호성까지 질렀다. 영국 병사들도 캐럴을 부르며 적에게 화답했고 그들에게 똑같이 열렬한 박수를 받았다.

양쪽에서 몇몇 병사들이 참호 밖으로 기어 나와 무인지대를 가로질러 서로를 향해 걷기 시작했다. 그러자 수백 명이 뒤를 따랐고 곧이어 수천 명의 병사가 참호 밖으로 쏟아져 나왔다. 그들은 악수를 나누고 담배와 비스킷을 건넸으며 가족사진을 꺼내 보여 주었다. 서로 고향 이야기를 하며 지나간 크리스마스 추억을 나누었고 이 터무니없는 전쟁을 키득거리며 비웃었다.

다음 날 아침, 크리스마스의 태양이 유럽의 전장 위로 솟아올랐을 때에도, 수천 명의 병사들은 조용히 이야기를 나누고 있었다. 어림잡아 10만 명이 넘는 숫자였을 것이다. 불과 24시간 전만 해도 적이었던 그들은 서로 도와 가며 죽은 동료들을 묻었다. 축구 시합을 벌였다는 보도도 있었다. 장교도 가담했다. 후방의 사령부에 내용을 조금 걸러서 보고했지만, 사태를 보고받은 장군들의 표정도 크게 놀란 것 같지는 않았다. 하지만 이런 식의 임시 휴전이 병사들의 사기를 해칠 수도 있다고 생각한 장군들은 발 빠르게 전열을 수습했다.

꿈 같았던 '크리스마스 휴전'은 시작만큼이나 갑자기 끝나 버렸다. 그야말로 순식간의 해프닝이었고 전쟁은 결국 1918년 11월에 850만 명의 병사의 죽음을 뒤로하고 그때까지 기록으로 역사상 가장 큰 인명 피해를 내며 끝났다. 겨우 하루, 몇 시간이라는 짧은 순간이지만 수만 명의 인간들은 장교, 사병 할 것 없이, 계급을 가리지 않고 상부와 국가에 대한 충성심도 접어 둔 채 보편적인 인간성만 보여 주었다. 전장에 버려진 채 죽고 부상당하는 상황에서도, 그들은 용기 있게 제도적 의무에서 벗어나 서로를 불쌍히 여기고 서로 살아 있음을 축하했다.

전장은 으레 개인의 일상적인 삶을 넘어 고귀한 대의명분을 위해 기꺼이 죽거나 죽이겠다는 의지 하나로 영웅심을 가늠하는 현장이다. 그러나 이들 병사들은 다른 종류의 용기를 택했다. 그들은 서로의 사사로운 고통에 손을 뻗어 상대방의 곤경에서 위안을 찾았다. 무인지대를 서성이며 그들은 상대방에서 자신의 모습을 발견했다. 개인적인 나약함에 대한 말로 표현할 수 없는 깊은 느낌과 아무런 보상도 바라지 않고 오로지 동료 인간과의 유대감에 대한 갈망에서 서로를 위로할 수 있는 힘이 흘러나왔다.

아무런 거리낌이 없는 진정한 인간의 모습을 찾는 순간이었다. 그러나 당시의 보도에는 어색하고 터무니없는 현상으로 취급되었다. 한 세기가 흐른 지금, 우리는 그 사건을 매우 다른 관점으로 정의하면서, 어떤 세계의 향수를 불러일으키는 간주곡으로 기억한다.

천안함이나 연평도 사건을 포함해 소통 부재 속에서 긴장 관계가 높아진 한반도. 우리는 아직 휴전 상태의 국가이지요. 1, 2차 세계대전과 한국전쟁, 베트남전쟁, 걸프전 등을 비롯한 수많은 전쟁으로 채워져 온 20세기를 포함해 인류는 늘 전쟁의 상태였고, 평화로운 기간은 불과 8퍼센트였다고 합니다. 왜 인간은 소통하지 못하고 늘 불통과 전쟁의 길을 걸어왔을까요?

소통 부재의 원인

2006년 3월 20일 출범한 시민사회포럼 '소통과 대안'은 창립 취지문에서 최근 증폭되고 있는 사회적 갈등의 근본 원인을 '이분법'에 있다고 지적합니다. 신과 인간, 정신과 육체에서 남자와 여자, 자본가와 노동자, 남과 북 등 헤아릴 수 없이 많은 대립적인 이념과 현실들이 소통을 가로막고 갈등과 분열을 일으키는 원인이라 합니다.

오랜 세월 방송 토론 사회를 보았던 정관용 씨는 『나는 당신의 말할 권리를 지지한다』(위즈덤하우스, 2009)라는 책에서 '소탕만 있고 소통은 없는' 우리 사회의 단면을 이렇게 꼬집습니다.

짧은 기간에 고도 압축 성장을 이룩한 대한민국, 그래서 토론거리는 너무도 많지만 하나하나의 쟁점마다 서로 공유하는 공감대의 폭은 좁고, 서로의 생각과 경험치의 거리는 멀고도 먼 나라. 더욱이 토론에 대한 체계적 학습과 연습의 기회, 최소한 좋은 토론을 구경할 기회도 가질 수 없었던 나라. 대한민국은 토론하기 어려운 나라이다. (116쪽)

객관적 사실을 탐구하고, 그 사실에 기초해서 과학적 판단을 내려야 할 책임 주체인 언론 스스로가 당파성에 빠져 사실과 의견을 혼동하고 있다. 이런 특정 언론에 대하여 국민들이 편을 갈라 자신이 선호하는 언론만을 믿고, 미워하는 언론의 보도는 믿지 않는다. (131쪽)

또 책을 출간한 뒤 가진 『주간경향』(854호, 2009년 12월 15일)과의 인터뷰 「문제는 다시 싸우는 정치와 닫힌 언론」에서 "한국에서 토론이 안 되는 이유가 무엇이라고 생각하나?"란 질문에 이렇게 답했습니다.

선진국에서는 오랜 시간 동안 엄청나게 싸워 왔기 때문에 어떤 사안이든 총론적으로 이미 일정한 결론이 나와 있다. 그래서 세율을 1% 올리느냐 0.5% 올리느냐 같은 미세한 정책을 두고 토론한다. 우리는 반대다. 역사적인 우여곡절이 아주 많은 탓에 풀지 못한 앙금이 많다. 무슨 얘기를 하든지 지나간 역사와 정치의 앙금이 다 튀어나온다.

그러면서 "'한국에서 토론이 안 되고 소통을 못하는 직접적 책임은 한국 정치와 언론에 물어야 한다.'고 했다. 왜 그런가?"라는 질문에, "교과서적으로 얘기해 보자. 각계각층의 이해와 갈등을 수렴하고 조정해서 국가의 방향을 정하는 게 정치다. 언론은 중요한 과제를 각자의 시각에서 부각하고 해결하도록 유도하는 역할을 해야 한다. 우리나라 정치와 언론의 특징은 상대 진영과 적대적 공존관계를 이루고 있다는 것이다. 정치와 언론이 모두 양극화된 진영 논리에 사로잡혀서 갈등을 조정하고 해결하려하기보다 오히려 부추긴다."고 답했습니다.
나아가 그는 소통하지 않으면 한 걸음도 나아갈 수 없다며 소통하는 대한민국을 위해서 세 가지 원칙을 기억하자는 조언을 합니다. 첫째, 상호 존중까지는 아니더라도 함께 살아갈 수밖에 없다는 상호 공존의 현실을 인정하자는 것이며, 둘째, 극단적인 생각보다는 조화와 포용을 추구하여 다양한 의견을 수용하는 열린 마음으로 정책 중심의 토론 문화를 만들어 가자는 것이고, 셋째, 빨리 결론을 내리려 서두르지 말고 세심한 준비를 거쳐 단계를 차근차근 밟아 가자는 것입니다.

토론 문화가 발달하지 못한 우리 사회. 결국 소통 지수도 그만큼 낮다는 이야기입니다. 이런 상황에서 정관용 씨는 상호 존중의 원칙을 바탕으로 바람직한 토론 문화 건설을 주장하고 있는 것입니다.

그 밖에도 우리 사회의 소통 문화가 부재하고 토론이 안 되는 이유는 많겠지요. 결국 우리가 토론 교육을 고민하고 토론 문화를 발달시켜야 하는 이유는 소통 부재의 문화를 극복하고 더불어 성장하는 사회를 만들어야 하기 때문입니다.

토론에 대한 관심이 높아갑니다. 입학사정관제 도입을 둘러싸고 구술, 면접, 토론이 강화되고 있습니다. 사회에서 의사소통 능력으로

서의 토론 능력을 높이 평가한지도 이미 오래 되었습니다. 가정이나 기업, 학교, 모든 사회 공간에서 소통 부재의 현상 속에서 합리적인 대화를 통한 소통의 욕구가 날로 높아간다는 증거입니다.

우리나라의 토론 수준을 보면 아직 우리 사회의 소통이 멀었구나 하는 생각이 들기도 하지만 더디 가도 소통에 이르는 매우 유익하고 근본적인 길은 토론입니다. 우리 사회가 토론에 대한 이해 부족과 방법의 무지 그리고 실천의 부재로 인해 토론의 걸음마 단계에 있기 때문이지만, 토론은 분명 민주주의 발달과 원활한 상호 소통의 핵심적인 길이라는 것을 쉽게 부정할 수 없습니다.

소통의 방법

파레토 법칙 | 80대 20의 법칙. 1906년 이탈리아의 경제학자 빌프레도 파레토가 부의 치우친 현상을 설명하기 위해 만든 가설로, 한 국가에서 전체 인구의 20%가 전체 부의 80%를 차지한다는 것이다. 이 법칙은 이후 세계 각국의 여러 분야에서 통계적으로 확인됐다. 예를 들면 20%의 운전자가 교통 위반의 80%를 차지하고, 20%의 조직원이 80%의 업무를 수행한다는 것 등이다.

소통의 방법은 다양합니다. 『소통의 기술』(미루나무, 2007)을 쓴 하지현 건국대 의대 정신과 교수는 80대 20의 파레토 법칙을 적용할 것을 이야기합니다. 토론이나 일상생활에서 2분 말하고 8분을 듣는 '경청'의 자세를 가지라고 합니다.

우리 사회에서 소통을 가장 잘하는 사람은 누구일까요? 몇 해 전

경향신문에서 진보, 중도, 보수의 성향을 고루 갖춘 지식인 100인에게 설문 조사를 한 결과는 당시 변호사이던 박원순 씨였습니다. 트위터와 유쾌한 글쓰기로 유명한 소설가 이외수 씨도 소통의 대명사로 불립니다. 일반인들은 유재석이나 김제동 같은 연예인을 먼저 떠올립니다. 이들은 모두가 부드럽고 유머가 넘치며 상대를 배려하고 경청하는 자세를 갖춘 사람이라는 것을 알 수 있습니다.

소박한 웃음과 유머로 어느 곳에서든 사람들이 살아가는 곳을 따스한 소통의 현장으로 만들어내는 김제동 씨의 글을 읽어 보면 경청과 배려와 공감의 마음이 중요함을 깨닫습니다. 다음은 2009년 7월 27일자 『경향신문』에 실린 심세동 씨의 글입니다.

소통이라는 주제를 받아들고 나니 제일 먼저 아이들의 얼굴이 생각났습니다. 제가 진행하는 방송 중에 아이들과 함께 하는 프로그램이 있습니다. 지금은 어느 때보다 그 시간이 즐겁지만 처음엔 무척 긴장했었지요. 첫 인상이 그리 부드럽지도 멋지지도 못한 저로서는 아이들이 저를 보고 무서워하지는 않을까 걱정이 됐었고, 어떤 말로 다가가야 할지도 막막했었지요. 개다리 춤이라도 춰야 하나 별별 생각을 다하며 잠도 설칠 지경이었습니다. 그런데 막상 만나보니 아이들과 친해지는 일은 생각보다 어렵지가 않더군요. 겁주지 않으며 다가가 아이들이 하는 말을 웃으며 들어주는 것, 그것이 바로 그 비결이었습니다. ……

'모르는 사람에게 먼저 다가서는 것', '그렇게 알게 된 사람과 계속 마음을 주고받는 것', '상대가 내게 요구하지 않는 마음까지 알아서 이해하는 것' 이 세 가지가 제가 생각하는 소통이 아닌가 싶습니다. 제게는 여전히 다 어려운 일입니다. 하지만 모두에게 어려운 일일 테니 앉아서 누군가가 내게 그렇게 다가와 주길 기다려서는 안 되겠지요. 혹시 어디에서 만난 제가 바보처럼 웃으며 인사를 해도 오해는 하지 마십시오. 제가 정신을 살짝 놓은 것도 여러분의 얼굴에 밥풀

이 물어서 그런 것도 아닙니다. 소통을 하고 싶어서 그런 거라고 이해해 주시기 바랍니다.

이렇듯 소통은 우리의 삶을 따뜻하고 아름답게 만들어 주는 모닥불 역할을 합니다. 한 시인은 소통에 대한 욕구를 "일 밀리라도 소통되려고 기웃거리는 / 그림자 밥상에게 / 마음 열어준 적 있어?"(박라연, 「그림자 밥상」, 『빛의 사서함』(문학과지성사, 2009) 중에서)라고 노래했습니다.

이 시대의 많은 사람들은 소통의 욕구에 목말라 있고 소통은 갈등의 조정을 넘어서 아픔의 치유와 진정한 행복에 이르는 수단이자 목표가 되기도 합니다. 토론은 서로 논리적인 대립을 하는 싸움의 과정인데 승부와 성공을 말하지 않고 소통을 말씀드리는 취지를 아시겠는지요. 그것은 우리 인간의 언어가 궁극적으로 의사소통을 목표로 하기 때문입니다. 토론도 예외가 될 수 없겠지요. 이는 뒤에서 말씀드릴 토론의 본질과 연관된 내용이기도 합니다.

'베이비 사인(baby sign)'

소통에 관해 고민할 때 큰 영감을 받은 사례를 하나 소개하겠습니다. 「지식채널 e」 가운데 '베이비 사인(baby sign)' 입니다. 아직 안 보신 분이 있다면 꼭 한 번 보셨으면 좋겠습니다. 이 영상은 이렇게 시작합니다.

어느 산부인과 병원의 분만
실. 탯줄을 자르면서 아이가 태
어나고, 아이의 울음소리가 힘
차게 들려옵니다. 병원에서 갓
태어난 아기는 힘이 얼마나 있을
까요? 간호사가 아기의 두 손을
잡고 높이 들어 올리면 거짓말처

「지식채널 e」, '베이비 사인'

럼 아기는 두 손아귀에 꽉 힘을 주며 온몸으로 매달립니다. 눈을 똥그
랗게 뜨고 놀라는 간호사……

놀라움은 간호사만이 아니라 보는 우리들도 마찬가지지요. 이 영
상을 보고 나면 매우 따스한 마음이 들면서 감동이 밀려옵니다. 아이
를 키워 본 여성들은 옛날 생각이 많이 난다고 합니다. 아기를 키워
보지 못한 여성이나 남성들도 내게 저런 시절이 있었나 싶어 아련한
추억에 젖을지도 모르겠습니다.

사실 우리들은 모두 아기로 태어났습니다. 하지만 연약한 아기들
도 자기 몸무게를 지탱하는 손힘 정도는 가지고 있고, 몸짓으로 말도
합니다. 아기들이 사용하는 소리 없는 몸짓을 '베이비 사인'이라 하
지요. '메롱' 하는 것처럼 혀를 앞으로 내미는 건 '강아지'라는 표현
이고, 손을 말아 쥔 상태로 얼굴에 갖다 대면 '고양이'의 귀여움을 표
현한 것이고, '엄지'를 치켜들면 '최고'라는 뜻이 아니라 '배가 고프
니 젖을 주세요.'라는 뜻으로 엄지를 닮은 젖병을 표현하는 것이라고
합니다.

린다 베이커돌로 박사에 따르면 베이비 사인을 하는 아기는 평균

12포인트 정도 아이큐가 높으며, 말을 쉽게 배우며, 무엇보다 가족의 사랑을 깊게 느낀다고 합니다.

이 영상을 보신 분들의 반응은 다양합니다. 엄마를 모방하면서 학습 능력을 키워가는 아기들이 신기하기도 하고, 아기들도 남모르게 자기들만의 언어를 가지고 있다는 사실에 놀라기도 하지요. 소통의 관점에서 보면 상대를 자세히 보고 침묵의 언어조차 잘 읽어내야 한다는 점을 강조할 수도 있겠습니다.

반성적으로 보자면, 우리가 어렸을 때부터 몸으로 말하고, 베이비 사인을 통해 고급스럽게 소통하던 능력을, 나이를 먹어가면서 잃어버린 건 아닐까 하고 되돌아보게 됩니다. 의사소통 능력의 중요성을 잃어버렸기 때문은 아닐까 하면서 말이지요.

저는 이 영상에서 "아기가 태어났다. 세상에 대해 아무것도 모르는 채로. 엄마가 태어났다. 아기에 대해 아무것도 모르는 채로."라는 말이 가장 가슴에 와 닿았습니다. 그리고 마지막 부분에 나온 "아기가 태어났다. 그리고 엄마가 태어났다. 이제는 우리가 태어날 차례다. 그들과 대화하기 위해서"라는 말이 기억에 남습니다. 토론을 고민하고 소통 능력을 키운다는 건, 우리가 새롭게 태어나는 과정이 아닐까 싶어서이지요.

이제부터 시작되는 기나긴 토론 여행은 부모로서, 자녀로서, 교사로서, 친구로서 다시 태어나는 과정입니다. 토론이란 소통의 힘을 통해 자기도 모르고 남도 몰랐던, 새로운 세상을 만나고 배워가는 과정이니까요.

2

호모 쿵푸스

– 새로운 공부로서의 토론

엄마 　진수야, 성적표 나왔니?

진수 　네, 그런데 이번에 등수가 많이 떨어졌어요. 죄송해요.

엄마 　그러기에 엄마가 뭐라든…… 평소에 제발 공부 좀 하라고 하지 않았니? 매일 공부는 안 하고 책만 붙잡고 있으니……. 이번 시험에도 전날까지 무슨 문학상인가 뭔가 한 책만 붙잡고 밤을 새다시피 하니…….

진수 　이상문학상을 수상한 「아침의 문」이라는 소설인데요, 작가가 박민규라는 소설가래요. 그런데 그 작가가 수상 소감에 뭐라고 써 놓았는지 아세요?

엄마 　대체 뭐라고 썼길래 그러니?

진수 　"공부는 불쌍한 인간이 스스로에게 바칠 수 있는 유일한 공양(供養)이다." 이렇게 썼어요. 어때요, 멋지지 않아요?

엄마 　그래, (더듬거리면서) 멋지기는 한데, 그러니까 공부를 더 열심히 해야 하는 거 아니니?

진수 　어머니는 학교 공부만 공부라고 생각하시는가 봐요. 공부가 나 자신을 공양하는 거란 말은 공부의 의미를 새롭게 이해하라는 말이지요. 건강하게 밥을 잘 먹는 거나 튼튼한 몸을 위해 운동하는 거, 지적인 교양을 쌓기 위해 책을 읽는 거, 이 모든 과정이 다 공부 아닌가요? 학교 공부만 공부가 아니라…….

엄마 　그래…… 네 말이 맞기는 하지만 학교 공부도 공부는 공부 아니니?

진수 　엄마는 공부하는 데 뭐가 제일 중요하다고 생각하세요?

엄마 글쎄다. 노력이나 끈기? 아니면 쾌적한 장소? 그러고 보니 너 공부방 없다고 또 공부방 타령 하려는 거니?

진수 아니요. 공부를 중국말로 '쿵푸'라 그러는데, 쿵푸의 대가로 이소룡이 있었잖아요.

엄마 (약간 들떠서) 그래, 엄마도 젊었을 때, 이소룡 좋아했지.

진수 이소룡이 쿵푸를 잘하기 위해서 어떤 것을 제일 중시했을 것 같으세요?

엄마 애가 갈수록 엄마를 가르치려고 드네……. 그만하자, 그만해! 그래 엄마가 졌다. 하여간 너 다음에도 그렇게 재만 읽다가 성적 떨어지면 무조건 영어 학원 등록시킬 거야!

공부는 쿵푸다!

　학습과 공부의 의미를 구별할 수 있나요? 21세기는 근대 산업 사회에서 지식 정보 사회로 패러다임이 달라졌다고 합니다. 그렇다면 공부의 개념이나 정의도 달라져야 하지 않을까요? 21세기의 공부 개념, 어떻게 정립해야 할까요?

　우리가 흔히 생각하는 공부는 무엇인가요? 학교나 학원에서 선생님 강의를 듣고 열심히 암기하고 객관식이나 서술형으로 시험 보는 공부, 정말 그게 공부일까요? 그 모든 과정을 공부가 아니라고 할 수는 없겠지만, 그렇다고 그게 공부의 전부는 아닐 것입니다.

　토론은 그동안 우리가 교육 현장에서 해 온 공부나 학습하고는 다른 의미, 다른 형태의 공부입니다. 그래서 21세기 패러다임에 맞는 공부에 대한 새로운 철학과 관점을 세워 보는 것이 토론에 앞서 무엇보다 중요합니다. 이러한 공부의 의미를 도울 김용옥 선생님의 견해(『삼국통일과 한국통일』(통나무, 1994))를 빌려 이야기해 보고자 합니다.

　공부의 뜻을 아시는지요? 어린 시절부터 귀에 못이 박히도록 들어왔고, 부모가 되어서는 목이 터지도록 외치게 되는 단어, 공부! '공부(工夫)'는 영어 'to study'의 번역어로 '도움을 주어서 공을 이루다'라는 의미를 그 바탕으로 하고 있습니다. 공부(工夫)의 어원은 '공부(功扶)'와 같은 것으로 '공(功)'은 '힘을 더해 이루어 내다'라는 말이고, '부(扶)'는 '돕다'라는 뜻으로, 이를 합치면 '성공에 이르도록 스스로를 돕는다.'라는 뜻이 됩니다. 그 공부를 중국말로 '쿵푸'라고 합니다.

'쿵푸'란 말은 자주 들어보셨을 거예요. '쿵푸' 하면 우리는 흔히 중국 무술을 떠올립니다. 쿵푸의 대가들은 화려한 몸놀림과 현란한 기술, 놀라운 신체 능력으로 우리를 깜짝 놀라게 합니다. 그런데 이런 중국 무술을 쿵푸(공부)라고 한다는 것이 여러 가지를 생각하게 합니다. 소통과 토론의 관점에서 저는 공부에서 가장 중요한 것이 '머리'가 아니라 '몸'이라는 것을 보여 주는 거라고 생각합니다. 우리는 흔히 공부를 지식의 습득과 축적으로만 이해하는 경향이 있는데, 진정한 공부는 가슴과 발끝으로 실천하는, 즉 온몸으로 배우고 익히는 과정을 말합니다.

호모 사피엔스와 호모 쿵푸엔스

우리는 흔히 공부하면 책상 앞에 앉아서 머리로 하는 것만 생각하지만, 공부는 시간의 축적 속에서 이루어지는 몸의 공부라 할 수 있습니다. 즉 공부를 통해 어떤 하나의 경지에 이르기 위해 자기 몸이 가지고 있는 습관과 행동을 꾸준히 변화시켜 나가는 과정이며, 그러기 위해서는 변화를 성취해 나가는 일정한 시간이 지나야 한다는 말입니다. 우리가 흔히 무술 영화를 보면 주인공이 원수를 갚기 위해 물을 긷고 나무를 하고 체력 단련을 하면서 오랜 시간을 보내듯이 말이죠.

우리는 인간의 정의를 내릴 때 가장 보편적으로 '호모 사피엔스'라는 말을 사용합니다. 이성적인 존재, 생각하는 존재라는 말이지요. 동물들과 비교해서 인간만이 고유의 사고 기능을 가졌음을 강조하는 말입니다. 한편으로는 신의 지배를 받던 중세를 벗어나면서 인간이 독립된 사고 기능을 가졌다는 르네상스적 인간, 즉 새로운 인간의 탄생을 표현한 말이기도 합니다. 이 말은 사고하는 기능, 즉 인간만의 독특하고 우수한 기능을 바탕으로 인간을 정의한 말이지만 그 한계도 뚜렷합니다.

　인간은 사고하는 존재가 맞지만 그것이 전부는 아니지요. 사고와 행동, 이성과 몸이 같이 어울려 조화를 이루지 못한다면 그것은 인간의 본질을 반밖에 표현하지 못한 말입니다. 공부에서 몸이 중요하다는 말은 이성적 기능만으로 공부를 이루기 힘들고 거기에 몸의 단련, 몸을 통한 삶의 변화가 병행되어야 한다는 말입니다. 사고하는 존재로서의 인간을 넘어서 온몸으로 공부하는 존재로서의 인간을 새롭게 바라봐야 한다는 말입니다. 그래서 철학자 김용옥 선생님은 인간을 일컬어 '호모 사피엔스(생각하는 인간)'가 아니라 '호모 모미엔스(온몸으로 공부하며 살아가는 인간)'라고 했지요. 고미숙 선생님의 표현을 빌리면 인간은 '호모 쿵푸스(온몸으로 공부하는 존재)'

호모 모미엔스 | 도올 김용옥이 말한 인간 존재의 개념. 인간의 몸을 육체와 정신으로 분리하는 서양철학과 달리, 정신과 육체는 분리할 수 없는 몸의 서로 다른 양태라고 보고, 인간을 우리말 '몸'에서 따온 '호모 모미엔스(Homo momiens)'라고 했다.

이기도 합니다. 토론도 마찬가지입니다. 토론은 머리로만 하는 공부가 아니라 온몸으로 하는 공부이기 때문에 토론에 앞서 공부의 새로운 의미를 살펴보는 게 필요합니다.

쿵푸와 토론

시중에 나와 있는 수많은 학습법. 시험 공화국인 대한민국의 정답 찾기 능력을 키워 나가는 학습법은 진정한 의미의 공부법과는 거리가 멉니다. 저는 토론에 앞서 공부의 의미를 새롭게 정의해 보고자 합니다. 왜냐하면 토론이란 그 동안 우리가 학교에서 일반적으로 해 온 공부와는 다른 의미와 철학을 지닌 공부이기 때문입니다.

구성주의와 포스트모더니즘 등 오늘날의 철학은 강의 주체, 즉 교사 중심이 아니라 강의를 듣고 반응하는 학생 중심으로 변해가고 있습니다. 학생의 의식 속에서 지식이 재구성되는, 즉 쌍방향 소통의 공부이지요. 그런 의미에서 토론이야말로 교육의 주체가 어느 한쪽이 아닌, 상호 주체가 되는 공부입니다. 또 지식과 이성 중심의 기존 학습과 달리 온몸을 움직여 하는 공부이기도 합니다.

이렇듯 토론은 기존의 패러다임에서 해 온 공부와는 다른 점이 많기 때문에 토론에 대한 공부를 하기 전에 새로운 공부의 의미부터 살펴보고자 합니다. 아마 여러분들은 새로운 공부의 의미와 토론 사이에 일맥상통한 점이 있다는 것을 찾을 수 있을 것입니다.

먼저 공부의 새로운 의미를 알아보기 위해 공부의 대가(大家) 한 사람을 만나보겠습니다. 저는 '쿵푸' 하면 바로 전설적인 쿵푸의 대가 이소룡이 떠오릅니다. 공부의 대가로 뜬금없이 왜 이소룡을 불러오나 궁금하실 것입니다. 지금부터 이소룡의 생애와 사상을 간단히 살펴보겠습니다.

「지식채널 e」 '이소룡이 이소룡에게 묻는다 1, 2, 3' 편을 보면 우리가 평소에 알고 있던 이소룡과는 다른 이소룡을 만날 수 있습니다. 「정무문」, 「당산대형」, 「용쟁호투」, 「사망유희」 같은 뛰어난 무술영화로 70년대 한국 사회에 쌍절곤 돌풍을 불러일으켰던 절권도의 달인 이소룡! 뭔가 흥미가 생기지 않습니까?

절권도의 창시자, 이소룡

쿵푸의 대가 이소룡은 어린 시절부터 무술을 익혔습니다. 열 살 이전부터 아버지한테 태극권을 배운 이소룡은 10대 중반까지는 거리에서 싸움을 자주하여 부모님 속을 무던히도 썩였지만, 손을 주로 쓰는 무술인 영춘권의 달인 엽문 선생을 만나면서부터 진정한 무예인의 길에 눈을 뜨고 철이 들기 시작합니다.

청년이 된 이소룡은 의사가 되고자 하는 꿈을 품고 미국으로 유학을 갔습니다. 그런데 이소룡의 지도교수는 "너같이 질문하는 것을 좋아하는 사람은 철학을 배워야 한다. 철학은 인간이 무엇을 위해 사는지 너에게 대답해 줄 거야."라고 하며 철학 공부를 권유했다고 합니다. 이소룡은 철학과에 입학합니다. 물론 어린 시절부터 배워 온 무술 수련도 게을리하지 않습니다. 젊은 나이에 세계 무술계를 좌우하는 실력을 갖춘 그는 할리우드에 진출하게 되고, 짧은 기간 안에 텔레비전과 영화에서 이름을 날리게 됩니다. 미국인들은 이 키 작고 왜소한

동양인이 영화와 텔레비전에 나와 놀라운 신체 능력을 발휘하는 것을 보고 신기해했고, 숀 코네리 같은 많은 할리우드 스타들이 제자가 되겠다고 찾아왔습니다.

하지만 이소룡은 자신이 유명해질수록 스스로 허수아비가 되는 것 같다고 생각했습니다. 자신을 잃어버리고 있다고 느낀 거죠. 주위에 사람은 많았지만 정작 자신은 사라진 것 같았습니다. 그 과정에서 끊임없이 스스로에게 철학적 질문을 던지면서 탐구에 들어갑니다. 결국 자신의 철학과 그동안 자신이 배운 무술을 결합해서 자신만의 독특한 공부인 '절권도'를 창시합니다. 절권도(截拳道)는 '상대방의 기술을 끊어 바로 공격한다.'는 뜻인데, 이는 나중에 이야기할 토론의 정의와도 밀접한 관계가 있습니다.

저는 이소룡이 대학에서 철학을 공부했다는 사실에 많이 놀랐습니다. 뛰어난 무술가로 많은 제자들을 키웠고, 영화배우로서도 성공했기 때문에 연극이나 영화, 아니면 무술이나 체육 관련 공부를 했을 거라고 생각했는데, 철학을 공부했다니 놀랍더군요. 실제로 그는 자신의 무술 제자들과 철학 토론을 즐겼다고 합니다. 더스틴 호프만과 함께 영화 「빠삐용」에 출현했던 영화배우 스티브 맥퀸도 이소룡의 제자였는데, 이 사람은 이소룡과 연습할 때 무술 수련보다 철학 토론을 더 많이 했다고 했습니다. 이소룡은 또 부상을 당해 쉴 때도 손에서 책을 놓지 않았고, 그의 서재에는 철학 장서들이 가득했다고 합니다.

자, 이런 이소룡의 삶에서 공부와 연관된 단어를 찾는다면 어떤 걸 떠올릴 수 있을까요? 집중력, 질문, 끈기, 노력, 꿈, 승리, 몸 같은 단어들이 있을 것입니다. 그럼 이 가운데서 공부의 바탕이 되는 가장 중요한 단어는 무엇일까요? 사람에 따라 다르겠지만 저는 '육체', 즉 '몸'이라고 생각합니다.

"아는 것이 힘이다."라는 격언은 지금도 유효하지만, 21세기 과학과 철학은 이 앎의 주체를 두뇌나 머리라고만 하지 않습니다. 바로 몸이지요. 지식도 중요하지만 그 이상으로 소통과 창조를 위한 상상력과 관계성이 중요한 오늘날의 공부는 학습에 근거한 지식 중심의 공부만으로는 한계가 있습니다. 바로 온몸으로 하는 공부가 필요합니다. 그 산 증인이 바로 '호모 쿵푸스(공부하는 존재로서의 인간)'의 대표인 이소룡인 것입니다.

절권도와 토론

공부를 몸으로 한다는 건 앞에서도 말씀드렸습니다. 수영이나 자전거 타기 등 우리가 몸으로 익힌 공부는 평생 잊지 않습니다. 반면 머리로만 한 공부는 오래가지 못합니다. 책을 읽거나 강의를 듣고 나면 80퍼센트는 사흘 안에 사라지고 맙니다.

쿵푸의 달인 이소룡은 머리로는 철학을 공부했지만 몸으로는 무예를 단련하여 나중에는 그 둘을 결합한 절권도라는 무술을 만들어 냈습니다. 앞에서 말한 것처럼 절권도란 상대방의 기술을 끊어 바로 공격한다는 의미를 가지고 있는데, 이소룡은 자기가 배웠던 무술들을 절권도 안에 녹여내고 있습니다.

상대방의 힘을 역이용하는 태극권, 손을 주로 쓰는 영춘권, 발을 사용하는 공력권. 거기에다 복싱과 펜싱의 발놀림, 무에타이와 태권도의 발차기, 유도의 던지기와 관절기까지 다양한 무술을 결합시켰습니다. 어느 하나의 무술에 얽매이지 않고 여러 무술을 결합시키면서 서로의 부족함을 채워 나간 것이죠. 그런 의미에서 절권도는 결과적으로 완성된 무술이 아니라 과정 속에서 끝없이 새로워지고 변모해 가는 무술입니다. 이소룡 자신도 절권도는 "영원히 완성되지 않는 무술"이라고 했습니다. 이걸 우리의 공부에 적용하면 공부란 죽을 때까지 삶을 통해 배워 가야 하는 것이고, 이런 공부라는 것은 학창 시절의 일정 기간에만 하는 것이 아니라 어느 시점, 어느 공간에서든지 늘 해야 한다는 것을 말합니다.

토론 역시 마찬가지입니다. 인류가 이성과 논리를 사용하게 된 후로 우리는 주변의 많은 상황과 사건에 대해서 인식하고 판단하고 결정을 내려 왔습니다. 그 과정에서 우리는 우리가 접하는 수많은 정보를 저장하고 분석하고 종합하고 판단하지요. 나아가 자신과 다른 판단 결과를 가진 사람과는 그 차이와 이유를 놓고 서로 의견을 나누기도 합니다. 집이나 직장, 학교, 술집 등에서 우리는 수없이 토론을 합니다. 우리는 평생 토론의 그늘에서 벗어날 수 없습니다. 살아 있는 한 우리는 토론을 하지 않고 살아갈 수 없으니까요. 그리고 보면 토론이야말로 끝이 없는, '영원히 완성되지 않는 공부'일 수밖에 없습니다.

절권도를 창시하기까지 이소룡이 연마했던 공부의 내용들을 토론에 적용시켜 보면 많은 시사점을 얻을 수 있습니다.

　상대방의 힘을 이용하는 태극권. 토론은 상대방의 논리적인 공격을 효과적으로 방어해야 하기 때문에 상대방이 나의 어느 약한 부분을 공격할지를 미리 고민하고 대응을 준비해야 합니다.

　손을 주로 쓰는 영춘권. 세간의 농담 중에 '적자생존'이라는 말이 있지요. 적응하는 자가 살아남는다는 말이 아니라, '적는 자'가 살아남는다는 말입니다. 예로부터 기록을 충실히 한 사람치고 성공하지 못한 사람이 없다 합니다. 토론의 기본은 말하기와 듣기지만 상대방의 말을 잘 듣고 꾸준히 기록하는 사람이 토론을 잘할 수 있습니다.

　발차기는 공부에서 어떤 의미가 있을까요? '공부는 엉덩이로 한다.'라는 말도 있지만, 새로운 공부에서는 '공부는 발로도 한다!'라고 할 수 있을 것 같습니다. 책상에 앉아 죽어라고 문제를 푸는 것도 중요하지만, 온 세상을 걸어다니면서 많은 사람을 만나고 자연을 느끼고 새로운 감각을 익히는 것이야말로 진정한 공부라고 할 수 있으니까요. 즉 발로 하는 공부는 책 속에만 갇히지 말고 삶의 현장 속에서 발로 뛰면서 만나는 의미 있는 사건들을 잘 연구하라는 뜻이지요. 그러고 보면 우리 몸 하나하나가 공부하는 데 없어서는 안 되는 중요한 요소들입니다. 절권도에서 권투와 펜싱, 유도의 기법을 가져온 것처럼 발놀림을 가볍게 하거나 던지기 등의 기술을 익히는 것도 공부나 토론에는 꼭 필요한 과정 같습니다.

토론을 하다 보면 상대방이 나의 주장과 근거를 치고 들어오는 경우가 많습니다. 그럴 때는 마치 가벼운 발놀림처럼 순발력 있게 생각을 움직여 상대방의 공격을 슬쩍 피하면서 반박할 기회를 엿보거나, 상대방이 곤란해 할 만한 질문들을 날카롭게 던져서 허점을 찔러대는 과정이 많은데, 그러고 보면 토론과 절권도는 많이 닮아 있는 셈이지요.

이처럼 공부는 머릿속에 있는 지식과 정보 같은 어느 하나의 기술에만 의존하는 게 아니라 온몸으로 세상을 살아가면서 익힌 다양한 기술들을 활용하는 과정임을 깨닫게 됩니다.

새로운 공부와 토론의 관계

토론 역시 마찬가지입니다. 이소룡이 평생을 두고 실천한 공부(절권도)를 토론 공부로 바꾸면 절권도가 바탕으로 삼은 여러 공부들이 바로 토론 공부의 기초 과정과 다를 바 없음을 알게 됩니다. 상대방의 마음 읽기, 손으로 적고 발로 뛰면서 자료를 찾아 공부하고 적절한 질문 던지기와 반론 펴기 등 이 모든 것이 절권도의 공부와 일맥상통함을 알 수 있습니다. 그런 의미에서 공부의 새로운 의미를 인식하는 것은 토론을 시작하기에 앞서 진정한 토론 공부의 길이 무엇인지를 재정립하게 만들어 줍니다.

토론 또한 공부라는 점에서는 절권도와 다름없겠지요. 논리적으로 상대방을 공격하고 열심히 자료를 찾고, 적절한 질문과 반론으로 상대방과 맞서 싸운다는 점에서 토론은 이소룡의 공부(절권도)와 유사합니다.

물론 이 세상에는 절권도의 공부만 있는 것은 아닙니다. 절권도를 통해 특별히 강조하고자 하는 것은 지식과 이성 중심의 공부에서 온몸으로 하는 공부로 패러다임을 전환하는 것이 토론을 이해하고 접근하는 데 필요한 사항임을 이야기하고자 함입니다.

여기서는 다만 토론의 목적이 무엇인지에 대해 깊이 숙고할 필요가 있습니다. 토론은 기본적으로 싸움이기 때문에 이기는 데에만 목적을 둔다면 승부에 지나치게 집착하여 토론 본연의 가치와 의미를 깨닫지 못할 수 있습니다. 승패 못지않게 그 이면에 있는 공부의 목적과 가치와 철학을 먼저 이해하는 게 그래서 중요합니다.

쿵푸의 대가 이소룡에게 육체를 단련한다는 것은 자아와의 대면이었습니다. 자신을 알기 위한 것이었죠. 절권도나 토론은 상대방과의 싸움으로만 생각하는데, 사실 그 싸움의 끝은 결국 자기 자신을 향해 있는 것입니다. 사실 우리가 자기 자신을 안다는 건 뒤집어보면 타인의 움직임과 마음을 이해한다는 뜻이기도 합니다. 토론 또한 마찬가지입니다. 토론은 남과 대립하여 논리적으로 겨루는 과정이지만 그 목적은 상대방을 이기는 것이 아니라, 토론을 통해 자신의 부족함을 좀 더 깨닫고 채워나가면서 자신을 좀 더 성장시켜 나가는 것이지요.

어느 연수에서 강사분이 이렇게 말씀하시더군요. "토론은 오래된 미래다."라고요. 우리에게 생소한 이 토론이라는 공부의 긴 역사를 거슬러 올라가 보면, 토론은 오래 전부터 우리 조상들이 의견을 모으고 나누던 대화 방식이라는 것을 알 수 있습니다. 우리가 그 전통을 잘 이어오지 못했기 때문에 오늘날 우리 사회 속에 올바른 토론이 정착하지 못하고 있는 것이지요.

토론의 대가는 싸움의 대가이고 논리의 대가이며 동시에 살아 있는 공부의 대가라는 것을 쿵푸의 대가 이소룡을 보며 깨달았습니다. 저승에서도 깨달음을 준 이소룡에게 감사해야겠지요.

3

언어의 절권도와
180도의 진실 찾기

– 토론의 정의와 본질

철호   선생님, 지금 뭐 보시는 거예요?

선생님   철호구나. 시간이 좀 나서 영화 한 편 보고 있단다.

철호   무슨 영화인데요?

선생님   「그레이트 디베이터스(The Great Debaters)」라는 영화인데 무척 재미있구나.

철호   제목이 무슨 뜻인가요?

선생님   아, '위대한 토론자들'이라는 뜻이지.

철호   '디베이터스'가 '토론자들'이라는 뜻이구나. 맞아, 토론을 '디베이트(debate)'라고 하죠. 토의는 '디스커션(discussion)'이라고 하고요.

선생님   그래.

철호   그런데 텔레비전에서 하는 토론 프로그램을 보면 사람들이 말싸움만 하는 것 같던데, 도대체 왜 그럴까요?

선생님   토론이 원래 싸움이니까!

철호   네? 토론이 싸움이라고요?

선생님   왜, 아닌 것 같니?

철호   글쎄요. 그런 것 같기도 하고, 아닌 것 같기도 하고⋯⋯.

선생님   디베이트의 '베이트(bate)'가 원래 '배틀(battle)', 그러니까 싸움이라는 말에서 온 거란다. 그러니 토론이란 서로 다른 의견을 가지고 싸우는 거지.

철호   아, 그렇구나!

선생님 하지만 토론이 막무가내로 말싸움만 하는 건 아니야. 주장과 근거가 잘 어우러지는 논리적인 과정이 뒷받침된 싸움을 하는 거지.

철호 어렵네요. '싸우기는 하는데, 감정에 휘말리지 않고 논리적인 싸움을 한다.'라……. 좀 더 쉽게 말해 줄 수 없으세요?

선생님 그래, 그러면 지금부터 토론의 정체가 뭔지 한번 깊이 생각해 볼까?

토론은 싸움, 그 무기는 논리!

우리 사회의 토론에는 여러 가지 색깔이 있습니다. 토론의 종류나 성격이 무척이나 다양하다는 뜻입니다. 방송 토론이나 교육 토론, 대회형 토론처럼 토론이 펼쳐지는 마당에 따라, 또는 원탁 토론이나 세다(CEDA) 토론, 배심원 토론 혹은 의회식 토론처럼 토론이 진행되는 방식에 따라서 토론의 종류는 헤아릴 수 없이 많습니다.

> **세다(CEDA) 토론** | '교차 질문식 토론' 이라고 하기도 한다. 주어진 논제의 근거에 대한 심도 깊은 질문을 통해 상대방 논거의 합리성을 파악하는 토론이다. 팀별 토론이므로 파트너와의 협동과 원활한 의사소통이 중요하다.

하지만 이토록 다양한 토론들이 공통적으로 지니는 속성이 있습니다. 그게 바로 토론이 갖는 대립적인 성격입니다. 토론에는 반드시 대립적인 논제가 있어 양자 혹은 다자간에 싸움이 일어나야 한다는 뜻입니다. 물론 이때의 싸움은 아주 소박한 감정싸움에서 말싸움 혹은 권력 다툼이나 이해관계를 주고받는 싸움일 수도 있습니다. 하지만 이런 싸움들이 토론의 본질을 정확하게 설명하고 있지는 않습니다. 토론은 무엇보다도 논리의 싸움이기 때문입니다.

토론(討論)이라는 말 자체가 싸움을 의미하는 '토(討)' 자와 논리를 의미하는 '논(論)' 자로 이루어져 있기 때문입니다. 토론의 '토' 자는 칠 토(討) 자입니다. 분석을 해 보면 말씀 언(言) 자에 마디 촌(寸) 자가 결합되어 있습니다. 상대방의 말을 마디마디 끊어서 상대방을 친다, 공격한다는 뜻입니다. 이는 이소룡이 '상대방의 기술을 끊어서 공격한다.'고 했던 절권도와 같은 뜻이기도 합니다. 그런 면에서 보면 토론은 '언어의 절권도'라고도 할 수 있습니다.

토론을 영어로 '디베이트(debate)'라고 하지요. 그 어원은 '싸움 (battle)'입니다. 디베이트에서 어근을 나타내는 'bate'는 라틴어에서 온 말로 '싸움(battle)'이라는 뜻을 가지고 있습니다. 토론은 반드시 대립적인 논제를 가지고 상대방과 다툽니다. 논리가 빈약한 사람들이 감정싸움을 하거나 말꼬리를 잡는 말싸움을 하지요. 또 커다란 권력을 가졌거나 이해관계에 얽힌 사람들은 토론의 현장을 권력 다툼이나 이해관계를 다투는 자리로 변질시키지만 그게 토론의 참모습은 아닙니다.

여기서 한 가지 생각해 볼 것은 토론의 목표입니다. 혹은 토론 교육의 목표라고도 할 수 있습니다. 앞에서 말씀 드렸던 쿵푸의 달인 이소룡을 기억하시지요? 이소룡은 세계 무술계에 실전 무술을 도입하고 무술을 프로레슬링처럼 짜고 하는 쇼가 아닌 실전 수준으로 끌어올린 사람입니다. 그의 실전 무술을 접하고, 또 그가 연전연승하며 최고의 무술인이 되는 걸 보고 사람들은 무척 열광했습니다. 보통 사람이라면 우쭐했을 상황에서 이소룡은 토론하는 사람답게 진지한 성찰을 합니다.

"사람들은 왜 승리에 열광하는 걸까? 과연 이 승리의 끝에는 무엇이 있을까?"

지극히 철학하는 사람다운 진지한 태도입니다. 싸움에 져서 속 편한 사람은 없지만, 토론은 예외입니다. 아니 예외이어야 합니다. 승리의 끝에 무엇이 남는지 우리는 잘 알고 있기 때문입니다.

동화 「꽃들에게 희망을」은 토론 교육의 목표와 의미를 우리들에게 잘 알려 줍니다. 애벌레 탑의 꼭대기에 아무것도 없다는 사실, 끝없이 이기고 밟고 올라가면 언젠가는 자기도 그 힘에 밀려 바닥으로 추락한다는 사실, 그래서 진정한 공부는 남을 밟고 올라가는 것이 아니라, 애벌레가 자기 변신을 통해서 나비가 되듯 허물을 벗고 새로운 존재로 거듭나 성숙해지는 과정임을 일깨워 줍니다. 그러므로 토론 교육의 목표는 남을 이기고 밟는 능력을 키우는 데 있지 않고 나비를 모델로 해서 어제의 나와 다른 새로운 나를 만들고 키워 가는 데 있습니다. 실제로 토론 교육을 경험한 학생들은 토론을 통해서 자신이 진정으로 달라지기 시작했다는 고백을 하기도 합니다. 논리적인 싸움이, 이기는 능력을 키우는 걸 목표로 하지 않고 스스로를 변화시키는 걸 목표로 할 때, 토론 교육의 진정한 의미가 실현되는 것이지요.

토론은 '피가 튀는 경기'

와일리 대학에서 360명의 학생들 중에서 오직 너희 45명만이 토론팀을 시도할 만큼 용기가 있지. 그 45명 중에 오직 4명만이 준비 모임이 끝나면 살아남을 거야. 왜냐구? 토론은 '피가 튀는 경기'이기 때문이지. 그건 전투지만 너희들의 무기는 단어들이야.

영화 「그레이트 디베이터스」의 한 장면입니다. 이 영화의 주인공인, 와일리 대학의 교수 톨슨은 토론 대회에 나갈 학생들을 모집하고 시험을 치르는 자리에서 단호하게 말합니다.

"토론은 '피가 튀는 경기(blood

영화 「그레이트 디베이터스」

sports)'야. 그 무기는 '말(word)'이지."

서양에서 토론에 대한 일반적 정의를 내려놓은 걸 보면 토론은 '지적 스포츠(intellectual sports)'라고 합니다. 흥미로운 두뇌 게임 혹은 지적인 능력을 동원해서 논리를 다툼하는 일종의 운동 경기라는 인식이 강합니다. 영화 속 장면이기는 하지만 이 교수는 토론을 피가 튀길 정도로 격렬한 경기로 인식합니다. 그 이유는 무엇일까요?

이 영화의 배경은 1930년대 미국입니다. 인종 차별이 극심한 미국 현실에서 톨슨 교수에게 토론은 차별을 이겨 낼 유일한 무기였습니다. 폭력과 무력으로 세상을 바꾸기가 어렵고 또 바람직하지 않다고 생각하는 사람에게 보다 강력한 무기는 합리적인 이성 그 자체일 테니까요. 하지만 백인들도 기득권을 빼앗기지 않기 위해 치열하게 논쟁을 벌일 테고, 그러므로 흑백 간의 토론은 정말 눈에 보이지 않을 뿐이지만 피가 튀는 열전인 셈이지요.

「100분 토론」을 비롯한 우리나라 방송 토론도 이 말을 실감케 합니다. 계층 간, 정당 간, 세대 간 갈등이 심한 우리나라에서도 실전 토론은 피가 튀는 경기라는 말이 전혀 어색하지 않으니까요.

교육 현장에서는 토론을 순수하게 지적인 두뇌 게임을 겨루는 스포츠로 배워야 하지만, 우리가 삶의 현장에서 평생 토론을 해야 한다고 생각하면 토론이 그만큼 세상을 바꿔 나가는 큰 힘이 될 수 있다는 것을 새겨야 할 것입니다.

토론은 '180도의 진실' 찾기

금세기 최고의 토론자, 토론의 달인 하면 누가 떠오르시나요?

세계적으로 유명한 사람 가운데 흑인 출신 미국 대통령 오바마만큼 토론의 덕을 많이 본 사람도 없을 것입니다. 앞에서 소개한 영화 「그레이트 디베이터스」의 경우 1930년대를 배경으로 하고 있지만, 흑백 대결과 흑인들의 극적인 승리, 제작자가 오바마 지지자인 오프라 윈프리인 점 등을 생각하면 이 영화는 오바마를 염두에 두고 만들었을 가능성이 커 보입니다. 하여간 오바마의 최종 상대는 공화당의 매케인 후보였지만 정작 오바마가 가장 힘들었던 상대는 같은 민주당 내에서 경선을 치르던 힐러리 클린턴이 아니었을까요?

힐러리도 오바마 만큼이나 달변으로 여성계를 대표하고 있었고,

전직 대통령인 빌 클린턴의 강력한 지지를 받고 있었으니까요. 널리 알려진 이야기지만, 힐러리는 중학생 시절에 아주 열렬한 공화당 지지자였다고 합니다. 학교에서 소문날 정도로 열성적인 학생이었고요.

1964년 미국 대선이 있던 해에 정치 교사였던 베이커 선생님이 힐러리에게 민주당 대통령 후보의 입장에서 토론을 해 보라고 시켰다고 합니다. 처음에 반발했던 힐러리는 선생님이 교육적인 의미를 갖고 하는 활동이라 생각하여 선생님이 시키는 대로 했지요. 참고로 베이커 선생님은 민주당 지지자였던 앨런이라는 친구에게는 공화당 지지 토론을 맡겼다고 합니다.

토론 준비를 열심히 하던 힐러리. 그 당시에는 인터넷도 없고 처녀 도서관에서 백악관 관련 자료나 민주당의 강령, 보험제도 등 주요 현안을 찾아서 공부를 했습니다. 결과는 어떻게 되었을까요? 힐러리의 자서전에 따르면, 힐러리는 토론이라는 용광로를 거치기도 전에 이미 공화당에서 민주당 쪽으로 마음이 기울었다고 합니다.

반대편에 서 보기 전에는 180도의 진실을 알 수 없지만 상대방의 입장을 이해하고 나면, 상대방도 그 나름대로의 진실이 있다는 것을 깨닫게 됩니다. 그런 점에서 토론은 180도의 진실을 찾아나가는

과정입니다. 재미난 사실은 공화당 후보로 토론을 준비했던 앨런도 지지 정당이 바뀌었다는 것입니다. 단 한 번의 토론이 평생의 운명을 바꾸어 놓을 만큼 중요한 역할을 할 수도 있다는 사실이지요.

토론의 종류에 따라 어느 입장을 취하느냐가 다르지만, 교육 토론에서 세다식 토론이나 의회식 토론 같은 찬반 토론을 교육하는 것을 부정하거나 비판하는 사람이 있습니다. 자기 생각과 다른 입장을 선택하여 논리적으로만 상대방을 공격하는 이런 토론 방식이 문제가 많다는 지적이지요. 나름대로 일리가 있는 지적이기도 합니다. 하지만 자기 신념에 반하는 자리에서 토론을 해 본 사람들은 이러한 토론 방법이 교육적 의미가 충분하다고 말합니다. 자기는 그렇게 생각하지 않더라도 반대편 사람들이 왜 그런 주장을 하는지 어느 정도 공감하고 이해할 수 있었다고 말입니다.

우리는 대개 절대적인 진리가 있다고 믿고, 세상이 자기가 믿는 진리에 따라 움직여 주기를 바랍니다. 영화 「라쇼몽」(구로사와 아키라, 1950)에서는 동일한 사건을 목격한 사람들이 서로 다르게 증언하는 것을 보여 줌으로써, 과연 나만의 객관적이고 절대적인 진실이란 존재하는지 묻고 있습니다. 세상에 옳고 그름이 없다고 할 수는 없겠

> **영화 「라쇼몽」** | 일본 영화계의 거장 구로사와 아키라 감독의 영화. 일본의 중세 시대 때, 교토의 교외에서 무사 다케히로와 그 아내는 도둑 다조마루를 만난다. 아내는 다조마루에게 겁탈을 당하고, 다케히로는 가슴에 칼이 꽂힌 채 발견된다. 이에 이 사건에 대한 심문이 벌어진다. 다조마루는 자신의 우월함을 자랑하기 위해 남편을 죽였다고 하고, 아내는 자신을 경멸하는 남편에 화가 나서 남편을 죽였다고 한다. 또 무당의 힘을 빌려 나타난 남편은 아내가 정절을 더럽히고 다조마루를 좋아하는 것에 분노가 치밀어 자살했다고 말한다. 끝내 진실은 규명되지 못한다.

지만, 토론은 다양한 의견을 어느 한 면으로만 보는 것이 아니라 보다 심층적이고 다각도에서 바라볼 수 있는 눈을 키워 줍니다.

장자(莊子)도 "커다란 지혜는 멀리서 보면서 동시에 가까이에서 보는 것"이라고 하였지요. 그런 점에서 토론은 역지사지(易地思之)의 입장에서 새로운 시각을 열어 가는 '180도의 진실 찾기'라고 할 만하지 않을까요?

토론은 사람을 살리는 무기

'토론' 하면 누가 떠오르나요? 저는 소크라테스(Socrates)를 떠올립니다. 날카로운 질문으로 상대방을 논리적으로 곤란에 빠뜨려 자기 자신의 모순을 돌아보게 했던 소크라테스. 하지만 그런 점에서는 공자(孔子) 역시 소크라테스 못지않습니다. 물론 공자는 질문을 던지기보다는 주로 제자들이 던진 질문에 답을 하면서 자신의 사상을 피력했지만 말입니다. 그렇다면 공자는 어떻게 토론을 통해서 삶을 살아갔을까요? 그 단면을 다 살펴볼 수는 없지만, 영화 「공자」(호 메이, 2010)를 통해 공자가 토론하는 모습의 한 단면을 살펴볼 수 있습니다.

영화 「공자」는 주윤발이 주인공을 맡았음에도 흥행에 철저히 실패했습니다. 하긴 요즘 같은 세상에 누가 공자에 관심을 갖고 공자 사상을 눈여겨보려고 할까요? 그것도 연인이나 가족과 즐거운 시간을 보내고 싶은 극장에서 말이에요.

영화 「공자」

하지만 영화 「공자」는 인간 공자의 삶과 사상의 일면을 가슴으로 느끼기에 매우 적절한 영화입니다. 그 안에는 공자와 가족, 제자들의 생활상과 노나라를 떠나 중국 각지를 주유하며 '상갓집 개〔喪家之狗〕'라는 소리를 들으면서도 천하를 개혁하려 했던 공자의 인간적인 면모와 정신적 고뇌가 잘 드러나 있습니다. 특히 영화 초반부에 공자가 당시 권력 실세였던 계씨 가문을 상대로 논쟁을 벌이는 장면은 매우 흥미롭습니다. 토론이라는 것이 사람을 죽일 수도, 살릴 수도 있다는 것을 단적으로 보여 주는 장면이라서 더욱 그렇습니다.

공자가 살던 시대에는 주인이 죽으면 그 주인을 따르고 섬기던 종들을 같이 묻는 순장 풍습이 있었습니다. 당시 계평자라는 실세 원로가 죽었는데, 순장으로 인해 칠사궁이라는 아이가 죽을 위기에 처합니다. 때마침 동제를 지내는 문제로 토론이 벌어지는 자리에서 공자는 정연한 논리를 펼쳐 그 아이를 살려냅니다.

토론의 시작은 이렇습니다. 조상에게 제사를 올려야 하는데 제사상에 올릴 꿩의 털이 빠졌습니다. 이 상황에서 그 꿩을 제사상에 올려야 하는지 말아야 하는지에 관해 관료들의 논쟁이 벌어지지요. 이 장면은 마치 중세 신학자들이 바늘 끝에 천사가 몇이나 앉을 수 있는가

하는 걸 놓고 토론하는 상황을 떠올리게 하면서 그야말로 탁상공론의
극치를 보여 줍니다.

노나라 주공에 의해 회의가 소집되고 공자와 그 제자들이 그 자리
에 참석합니다. 먼저 계씨 집안을 대표하는 숙손무가 나서서 의견을
개진합니다.

숙손무 | 동제는 일 년을 마감하는 국가의 큰 제사라고 할 수 있소. 연기할 수
도 취소할 수도 없소이다. 꿩은 자신의 꽁지를 물어뜯었지요. 당연히 하늘의
뜻을 예견하는 것이지요. 그러니 이에 불응하고 꿩을 바친다면 그것이 신령
에 대한 불경이 아니겠습니까? 그것이(그러니 꿩을 놓아주는 것이) 하늘에
예를 차리는 것이라 생각하오. 꿩을 방생합시다.

공자 역시 숙손무와 뜻을 같이한다면서 겸손의 예를 차립니다. 이
제 대중을 향해 의견을 물어보는 주군. 양대 세력의 대표들이 방생을
주장하는데 다른 목소리가 나올 리가 없지요. 그러자 계씨 집안의 대
사도는 꿩을 산으로 돌려보내자며 방생을 명령합니다. 번쩍, 공자의
눈빛이 빛나는 것은 이 시점. 사소해 보이는 꿩의 방생 문제를 진지하
게 지켜보던 공자는 주군에게 자신의 본뜻을 말합니다.

공자 | 전하, 소신이 간청컨대, 순장의 악습을 철저히 폐지하여 주셨으면 하옵니
다.
주군 | 공구, 자네는 어찌 그런 생각을 하게 되었는가?
공자 | 오늘 소신에게 구명을 바라는 노비 하나가 있었사옵니다.
주군 | 어느 노비인가?

공자 | 저 아이입니다.

대사도 | 공구, 이 아이는 우리 집안의 도망 노비요. 감히 멋대로 숨겨주다니, 담대하군요.

공자 | (두 손을 가지런히 모으고 정중하게) 대사도, 부디 이 아이를 놓아주십시오. 굳이 이 노비를 돌아가신 평자 대인의 순장에 쓸 필요는 없습니다.

대사도 | 순장은 본디 예전부터 내려오는 관습이오. 그대는 이제까지 고대의 예를 회복하자고 하지 않았소?

공자 | 대사도, 어진 이가 남을 사랑하고, 예로써 사람을 죽이고, 책임을 예로 묻지 않는다 하였습니다. 숙손 선생, 당신은 인자함으로 한 마리의 꿩을 대하였습니다. 간청하오니 이 불쌍한 노비를 위해 몇 마디 내어 주십시오.

숙손무 | 우리가 오늘 이야기할 것은 그저 동제에 대한 내용이오. 이건 순장에 대한 것과는 무관하지.

공자 | 틀렸소. 크게 상관있습니다. 「예경」에서 말하기를 '천지간에 사람이 귀하다.' 하였소. 산 사람을 묻는다는 것은 잔인한 관습이오! 현 왕조 이래로 서둘러 폐지해야 합니다. 노나라 그 주공의 고향, 예의의 고향, 우린 응당 옛것을 고치고 새롭게 나아가야 하는 것입니다. 주상, 선생 여러분! 공구는 감히 여러분께 고합니다. 이 노비를 사면해 주시옵소서.

(공자를 따르는 무리들은 큰 절을 하면서 사면을 주청하고 대사부의 무리들은 술렁거리면서 반발한다.)

공산뉴 | 공구! 계평자 대인께서 임종 전에 유언이 있었소. 생전 자신이 가장 아낀 이를 함께 묻어달라고 말이오. 이 아이를 순장하는 것은 잔인한 것이 아니오. 오히려 대사도는 자신의 부친에 대한 효심과 사랑을 몸소 보여 주고 있습니다.

공자 | 공산 선생, 잘 알았소. 대인은 평자 대인의 가신으로 오랜 세월 일하셨지요. 제가 듣기로는 계평자 대인께서 살아생전 자주 말씀하시길 당신과 항시 붙어 있다 하셨지요.

공산뉴 | 그게 무슨 상관이란 말이오.

공자 | 두 분의 정이 그리 돈독하니 그 분의 묘 아래로 따라 가셔야지요? (여기
저기서 웃음이 터져 나오고 당황스러운 모습을 보이는 공산뉴) 만약 대인이
평자 대인을 따르기를 원하신다면 그럼 저는 이 노비 아이를 기꺼이 내어 드
리지요.
(당황한 공산뉴는 엉터리라며 소리를 지르고 대중들은 공산뉴를 조소한다.)

공자 | 보아하니 대인은 원치 않으시군요. 그럼 자신이 하지 않으려는 것을 남
에게도 시키지 말아야지요(기소불욕 물시어인, 己所不欲 勿施於人). 전하 소
신의 말은 여기까지입니다.

대사도 | 선생의 말이 명확하니, 내가 보기에…… 좋소, 그 아이를 포기하지!
(쏟아지는 우레와 같은 박수 소리, 군중들 환호한다.)

비록 영화 속 한 장면이긴 하지만 토론이라는 것이 사람을 살릴 수
있는 중요한 무기가 된다는 것을 알 수 있습니다. 이게 토론이 우리
현실 속에서 깊은 공부가 되고, 삶의 지침이 되어야 하는 까닭이기도
하고요.

토론은 영원히 완성되지 않는 공부

토론이란 무엇인가. 새로운 공부, 피가 튀는 경기, 180도의 진실 찾
기, 사람을 살리는 무기. 하지만 이게 토론의 전부는 아닙니다. 토론
은 날마다 새롭고 또 새로워지면서 새로운 상황과 논리를 만들어 갈
것이기 때문입니다. 그래서 토론을 이것이다 저것이다 규정하기보다
는 토론과 함께 나날이 숨 쉬면서 토론의 정의를 새롭게 하는 것이 중

요합니다. 그런 점에서 오늘의 토론은 어제와 다른 새로운 공부이며, 하루아침에 이루어질 수 없는 '영원히 완성되지 않는 공부'입니다. 마치 이소룡이 절권도를 일컬어 '영원히 완성되지 않는 무술'이라 했듯이, 토론이야말로 영원히 완성될 수 없는 끝없는 공부입니다.

집에서, 학교에서, 술자리에서, 잠자리에서 우리는 늘 새로운 주제로 토론을 하면서 살아갑니다. 토론의 형식과 주제는 세상의 변화 속에서, 토론하는 주체, 논제에 따라 늘 새롭게 생성 변화하기 때문이지요. 따라서 토론은 하루아침에 다 이해하기보다는 꾸준히 배우면서 토론이 지향하는 원래의 정신과 방법을 알아 나가는 게 중요합니다.

4

토론의 흐름을 타라

- 토론의 필수 과정과 4대 원칙

규칙에 의한
운동경기 (토론)

선생님 자, 오늘 토론의 주제는 '사형 제도를 폐지해야 한다.' 입니다. 그
럼 지금부터 토론을 시작하겠습니다. 먼저 찬성 측부터 시작해
주실까요?

반대 측 (손을 들고) 선생님, 저희 반대 측에서 먼저 토론을 시작하면 안
되나요?

찬성 측 (벌떡 일어나며) 아니야. 찬성인 우리가 먼저 해야지.

선생님 음, 서로 먼저 자기주장을 하려고 난리구나. 토론은 찬성 측이 문
제를 제기하고 논제에 대한 입증의 부담을 져야 하니 찬성이 먼
저 하는 게 좋겠구나. 자, 그럼 입론 시작해 볼까?

반대 측 선생님. 그럼, 반론은 우리가 먼저 하게 해 주세요.

찬성 측 토론에는 순서가 있는데 그렇게 자꾸 우기면 어떻게 하니?

선생님 그래, 토론을 누가 먼저 하는지 그때마다 서로 우기고 싸울 문제
는 아니지. 지금 너희들이 하는 토론은 입론과 반론, 그리고 최종
결론의 순서가 정해져 있고 찬성과 반대도 누가 먼저 하는지 이
미 다 정해진 토론이란다.

반대 측 그럼 저희는 늘 찬성 측이 먼저 토론을 하고 나면 그 다음에 발언
을 하는 건가요?

찬성 측 (답답하다는 듯이) 그건 아닐 거고…….

반대 측 그럼 뭐야, 나중에는 우리가 먼저 해도 된다는 거야.

선생님 자, 자, 그만들 하렴. 이러다가 시작도 못 하겠다. 그래서 토론은
사회자가 있어야 하고 필수적인 요소와 진행 원칙을 지켜야 하는
거야.

아, 토론에도 그런 게 있어요? 저희는 텔레비전에서 사람들이 서로 싸우듯이 막 자기주장만 하려고 해서 그런 게 토론인 줄 알았지 뭐예요.

선생님 허허, 이거 텔레비전에 나온 어른들이 토론의 참모습을 다 망쳐 놓았구나. 자, 지금부터 선생님이 토론의 원칙과 핵심 요소들을 알려줄 테니 잘 듣고 규칙에 맞게 토론을 해 보렴.

토론의 필수 과정

앞서 '소통하지 않고 소탕' 하려는 게 우리 문화라는 말씀을 드렸습니다. 내가 옳으니 너는 틀렸느니 하며 토론을 말싸움하는 것으로만 생각하는 풍토가 쉽게 바뀌지 않습니다.

이는 토론이 서로 합의된 규칙에 의해서 진행된다는 것을 잘 모르고 있기 때문입니다. 토론은 운동 경기처럼 일정한 순서에 따른 규칙이 있습니다.

마치 탁구 경기처럼 서브와 리시브가 있고, 양측이 치열하게 공을 주고받는 랠리가 있는가 하면, 마지막으로 상대방을 궁지에 몰아넣는 마무리 과정이 있습니다.

토론에서는 그 과정이 입론과 반론, 그리고 최종 발언으로 이어지며, 토론의 성격에 따라서 중간에 교차 질문이나 발언권 신청 같은 질문과 대답이 들어가는 토론 방식도 있습니다. 그럼, 먼저 토론의 필수 과정을 살펴보겠습니다.

첫째, 토론의 시작은 입론입니다.

입론이란 논제에 대해 자기 팀의 입장을 담은 논점을 펼치는 과정입니다. 보통 입론은 토론을 하는 의미가 무엇인지 설명하는 것부터 시작합니다. 그리고 이 논제를 둘러싼 사회적 배경을 말합니다. 그다음에는 핵심 용어의 개념을 정의합니다. '중범죄 피의자의 신상은 공개되어야 한다.' 라고 했을 때, '중범죄' 의 개념과 범위는 무엇이며,

'피의자'의 정의는 무엇인지 정리합니다. 그다음은 논점을 2~4개 항목으로 정리하여 전개하고 그로 인해서 얻을 수 있는 기대 효과를 제시함으로써 주장을 마칩니다.

앞에서 언급하였던 영화 「그레이트 디베이터스」에서는 마지막 토론 대결 장면에서 파머라는 흑인 대학생이 간디의 사례를 빌려와서 논제 속의 주요 개념을 설명하는 인상적인 장면이 나옵니다. 입론에서 구체적인 예나 유사한 상황을 유추로 사용하면 딱딱한 사전적 정의보다는 훨씬 설득력을 더해 줍니다.

둘째, 반박 혹은 확인 질문입니다.

반박은 상대방의 용어 정의나 근거 제시에 대해 문제점을 짚어 나가는 과정입니다. 반박은 상대방의 입론 내용에 대해서 개념 정의가 불충분하거나 올바르지 못하다고 판단이 되면 그 부분부터 반박을 합니다. 용어의 개념 정의에 동의한다면 그다음에는 입론의 주장에 대한 근거나 예시, 사실 등에 대해서 반박을 합니다. 토론은 양측 다 어느 정도 일리를 가지고 임하기 때문에 논제에 대한 상대방의 논거에 문제점이 있다면 그 부분을 지적하는 걸로 반박을 해 나갑니다.

반박이란 상대방 주장의 허점이나 부족한 점을 지적하고, 왜 잘못되었고 어떤 점에서 오류가 있었는지를 밝히는, 토론에서 가장 핵심적인 단계입니다. 입론은 미리 준비해 와서 말하지만 반박은 상대방 주장과 근거에 대한 반박이므로, 잘 듣고 그 안에서 문제점을 찾아내야 합니다. 반박의 방법은 상대방이 내세운 논점이 논제에서 벗어나지 않았는지 검토하고 상대방의 근거가 적절성이 있는지 검토합니다.

그리고 상대방의 주장이나 근거의 문제점을 지적합니다.

반박을 질문의 형태로 하는 것도 가능합니다. 고등학교 국어 교과서에서 설명하는 고전적인 토론 방식에서는 교차 질문을 하는 과정이 없고, 상대방의 주장에 대한 반박이 계속적으로 이루어집니다. 질문을 하더라도 즉문 즉답을 하지 않고 반박 내용 속에다 녹여서 질문을 던지면 상대방이 다시 반박을 하면서 대답을 하거나 다시 역으로 질문을 던지기도 합니다.

질문 시간이 공식적으로 들어가는 토론도 있습니다. 교차 질문 방식이나 의회식 토론이 그러한데, 입론에 대해 반론을 펼치거나 또는 반론에 대해 재반론하기 위해 입론이나 반론 과정에서 상대방이 말한 발언 내용에 대해 질문을 하는 것입니다. '교차 조사', '상호 질문', '심문'이라고도 합니다.

공식적인 확인 질문의 내용 및 방법은 다음 몇 가지로 정리할 수 있습니다.

❶ 상대팀이 발언한 내용에 한해서만 질문합니다.
❷ 상대방이 내세운 논점이나 발언 내용의 사실 여부, 출처, 문제점 등에 대해 질문합니다.
❸ 논점을 뒷받침하는 논거가 타당한지 물을 수 있습니다.
❹ 질문은 짜임새 있게 단계별로 진행합니다.
❺ 질문자는 상대방에게 부드럽고 예의 있는 태도로 질문해야 합니다.
❻ 답변자는 성실하게 답변해야 합니다.

이러한 반박과 확인 질문은 토론의 종류나 성격에 따라 같이 이루어지는 경우도 있고, 확연히 나뉘는 경우도 있습니다. 또 질문은 하지 않고 반론만 하고 마지막 결론에 도달할 수도 있습니다. 흔히 고전식 토론이라는 토론 방식에서는 찬성 측에서 입론을 하고 이에 대한 반박이 계속 이어집니다. 서울에서 하는 중학생 토론 대회는 양측이 입론을 하고 반박의 과정을 거친 후에 교차 질문을 하는 '반론 꺾기'가 진행됩니다. 대표적인 정책 토론으로 교차 질문이 핵심인 세다(CEDA) 토론의 경우에는 입론 다음에 교차 질문이 바로 이어지기도

합니다. 이처럼 입론에 이어지는 반박과 교차 질문은 하나의 형식으로만 진행되지는 않지만, 상대방 입론에 대해서 질문과 반론으로 적절한 문제 제기를 한다는 점에서는 그 취지가 같다고 볼 수 있습니다.

셋째, 마지막으로 최종 발언이 있습니다.

최종 발언은 지금까지 토론한 내용을 간략하게 요약·정리하고, 토론 논제에 대한 자신의 입장을 다시 한 번 각인시키는 단계입니다. 최종 발언은 먼저 논제에 대한 자기 팀의 입장과 논점을 간략하게 정리합니다. 자기 팀의 논점에 대한 상대팀의 반박을 간략하게 정리하고 이에 대해 자기 팀의 전체적인 입장을 밝힙니다.

최종 발언에서는 앞의 반박에서 부족했던 부분을 간략히 보충하지만 반박에 너무 치우치지 않도록 주의해야 합니다. 또 토론 내용을 압축적으로 담은 비유나 일화 등을 활용하여 청중을 설득합니다. 속담이나 격언 등 주제를 강화할 경구 등을 활용하면 매우 효과적입니다.

토론의 실제 과정

영화 「그레이트 디베이터스」의 한 장면을 통해서 토론의 진행 과정을 살펴보겠습니다. 앞서 말했던 것처럼 이 영화는 1930년대 흑백 인종 차별이 아주 심했던 시기를 배경으로 합니다. 논제는 '시민 불복종은 정의를 향한 싸움에 도덕적 무기인가?' 입니다. '시민 불복종' 은 정부의 부당한 권력, 법, 제도를 따르지 않을 시민의 권리입니다. 여기서 정의는 우리가 상식적으로 생각하는 정의로움입니다. 최근 마이클 샌델 교수는 『정의란 무엇인가』(김영사, 2010)라는 책에서 정의에 대한 새로운 각성을 촉구하고 정의에 대한 다양한 관점과 해석을 보여 주었지만, 이 영화 속의 정의는 그렇게 복잡한 논의를 필요로 하지 않습니다. 즉 토론자나 청중 모두가 같이 동의하고 공감할 수 있는 수준의 일반적인 정의라는 말입니다. 그러면 결국 토론의 방향, 즉 논점은 어디로 가야 할까요? 그것은 바로 '도덕'입니다. 도덕적이라는 말의 의미를 어떻게 규정하고, 그 근거를 무엇으로 삼느냐가 이 토론의 핵심이지요.

토론의 처음은 입론이라 했습니다. 첫 번째 입론자는 바로 이 '도덕'의 의미를 정의(定義)하고, 그 근거를 제시하는 역할을 합니다. 첫 번째 입론을 자세히 살펴보시죠.

- **논제** : 시민 불복종은 정의를 향한 싸움에 도덕적 무기이다.
- **찬성 측** : 와일리 대학 흑인 학생들
- **반대 측** : 하버드 대학 백인 학생들

찬성 측 입론 │ '시민 불복종은 정의를 향한 싸움에 도덕적 무기이다.' 하지만 불복종이 도덕적이었던 때가 있었나요? 저는 그것은 단어에 대한 사람의 정의에 의지한다고 봅니다. 1919년 인도에서 영국의 폭정에 항의하기 위해 암릿사르에 1만 명의 사람이 모였습니다. 레지날드 다이어 장군은 마당에서 그들을 체포하고, 그의 병사들에게 10분 간 군중들에게 발포할 것을 명령했습니다. 379명이 죽었죠. 남자, 여자, 아이들이 잔혹하게 총에 맞아 쓰러졌습니

다. 다이어는 그들에게 도덕적 교훈을 가르쳤다고 말했습니다. 간디와 그의 추종자들은 폭력으로 응수하지 않고, 비폭력의 조직화된 캠페인으로 응수했습니다. 정부의 건물들이 점령되고, 거리는 폭동을 거부하는 사람들에 의해 가로막혔습니다. 심지어는 경찰에게 얻어터지기도 했죠. 간디는 체포되었습니다. 하지만 영국은 곧 그를 풀어주어야 했습니다. 간디는 그것을 '도덕적 승리'라 하였습니다. 도덕의 정의는 다이어의 교훈인가요? 아니면 간디의 승리인가요? 여러분이 선택하십시오.

입론에서는 주요 용어의 개념을 정리, 제시한다고 했습니다. 이 장면에서 가장 중요한 핵심어는 무엇일까요? '시민 불복종'이라는 말은 이 토론에서 전제가 되고 있는 용어입니다. '소극적 저항(passive resistance)'이라고도 하고, '정부 또는 점령국의 요구 명령에 대하여, 폭력 등의 적극적인 저항 수단을 취하지 않고 복종하기를 거부하는 것'(브리태니커)을 의미합니다. 찬성이나 반대 다 공유하는 개념이지요. 그렇다면 굳이 아까운 시간을 써 가면서 시민 불복종의 개념을 새롭게 정의할 필요는 없겠지요.

'정의(正義)'라는 말도 마찬가지입니다. 이 영화에서 말하는 정의는 복잡한 개념을 안고 있지 않습니다. 물론 토론자들이 이 개념이 더 중요하다고 생각한다면 정의를 주제로 토론을 벌이는 것도 가능합니다. 한국어 '위키피디아'에 따르면 '정의(正義)는 사회를 구성하고 유지하기 위해 사회 구성원들이 공정하고 올바른 상태를 추구해야 한다는 가치로, 대부분의 법이 포함하는 이념'을 말합니다. 이 영화 속의 정의도 대략 이 정도의 의미라는 데 양측이 동의하고 있습니다.

그러면 문제는 이제 '도덕'입니다. 결국 이 토론은 '도덕'의 정의

(定義)와 개념, 실천 사례 등을 놓고 치열한 토론이 벌어질 수밖에 없음을 생각해야 합니다. 그리고 첫 번째 입론자인 파머는 도덕에 대한 새로운 정의(定義)를 내립니다.

찬성 측 입론자 파머는 '도덕'의 정의를 '다이어의 교훈'과 '간디의 승리' 중에서 선택하라며 본인이 생각하는 도덕의 개념을 청중들에게 제시하고 있습니다. 입론자의 입장은 당연히 비폭력을 행사했던 간디의 도덕적 승리를 말합니다. 비유와 대조를 활용한 멋진 정의이지요.

반대 측 반론 | 1914년부터 1918년까지 매순간을 세상은 전쟁 중에 있었습니다. 인류를 위해 그의 삶을 희생했습니다. 생각을 해 보십시오. 4년 동안 240명의 용감한 젊은이들이 매일 매 시간마다 목숨을 잃었습니다. 3만 5천 시간이죠. 8,281,000명의 희생자들이죠. 240명이죠. 240명입니다. 240명! 여기에 암릿사르에서 발생한 것보다 셀 수 없이 큰 학살이 있었습니다. 그것에 대해 어느 것이 도덕적일 수 있는 거죠? 아무것도 없습니다. 독일이 전 유럽을 노예화시키는 것을 막는 것 외에는요. 시민 불복종은 그것이 비폭력적이기 때문에 도덕적이지 않습니다. 폭력으로 당신의 나라를 위해 싸우는 것이 심오하게 도덕적일 수 있습니다. 모두의 위대한 희생을 요구하는 것입니다. 삶 그 자체죠. 비폭력은 시민 불복종의 그 진실한 면모를 숨기는 가면입니다. 무정부 상태죠.

반론에서는 폭력이 오히려 국가를 위해 희생적이고 유의미하다고 말합니다. 비폭력은 시민 불복종의 본질을 감추고 옹호하는 가면으로 무정부주의를 불러온다고 주장합니다. 다시 이어지는 찬성 측의 반론입니다.

찬성 측 반론 | 간디는 항상 상대방을 사랑하고 존경하는 행동을 해야 한다고 믿었죠. 그들이 하버드의 토론자일지라도요. 간디는 또한 범법자들이 자신의 행동에 법적인 결과를 받아들여야 한다고 믿었습니다. 그게 무정부 상태처럼 보이십니까? 시민 불복종은 우리가 두려워할 무엇인가가 아닙니다. 그것은 결국 미국(자유 민주주의)의 개념입니다. 아시다시피 간디는 그 개념을 힌두교 경전에서 가져온 게 아닙니다. 헨리 데이비드 소로(Thoreau, Henry David)라는, 제가 믿기로는 하버드를 졸업하고, 여기서 멀지 않은 곳에서 살았던 사람에게서 가져온 거죠. (웃음과 박수).

헨리 데이비드 소로 | 1817년에 미국에서 태어난 철학자이자, 사상가, 시인, 사회 운동가. 열 여섯 살에 하버드에 입학하였고, 스물 여덟 살에 물신주의 저항하고 자유인의 삶을 살기 위한 생각으로 호숫가에 통나무집을 짓고 생활하였다. 그는 자급자족하며 살았던 이때의 삶을 「월든」이라는 책으로 남겼다. 소로의 책 중에서 인류에게 가장 지대한 영향을 끼친 책은 「시민의 불복종」이다. 톨스토이, 간디, 마틴 루터 킹 등 수많은 혁명가와 인권 운동가들이 이 책의 영향을 받았다.

이런 식으로 상대방이 비폭력은 무정부주의라는 가면이라고 반박을 하면 다시 찬성 측에서는 그 개념이 하버드 출신의 소로에서 온 것이며, 간디는 법을 준수한 사람이기 때문에 비폭력적인 시민 불복종은 결코 무정부주의가 아니라고 주장합니다. 이런 식으로 입론에 이은 반론이 지속되는 것입니다. 반론을 적절하게 하게 위해서 무엇보다 상대방의 주장과 근거들을 잘 들어야 함은 말할 필요도 없지요.

마지막으로 양측의 최종 발언을 보겠습니다. 불복종의 도덕성 논쟁은 폭력성 여부를 통해 진행되다가 결국 법의 준수 여부로 논점을 옮겨갑니다. 도덕성을 부정하는 반대 측에서는 시민 불복종이 법을 지키지 않는다는 이유로, 그 어떤 명분을 부여해도 도덕적일 수 없다는 주장을 폅니다. 최종 발언은 대개 반대 측에서 먼저 시작합니다.

반대 측 최종 발언 | 우리는 어떠한 법에 복종하고 무시할지를 결정할 수 없습니다. 우리가 할 수 있다면 저는 결코 빨간 신호등에 멈추지 않을 겁니다. (웃음) 제 아버지는 경찰관이십니다. 저는 그 분의 파트너이자 가장 친한 친구가 직무 중에 총에 맞아 쓰러진 걸 기억합니다. 무엇보다 생생하게 저는 아버지 얼굴의 표정을 기억합니다. 어느 것도 법규를 좀 먹는 것은 도덕적일 수 없습니다. 우리가 어떠한 이름을 그것에 부여한다고 해도요.

마지막에 언급한 주장이 바로 그것이지요. 법규를 좀 먹는 것은 그 어떤 이름을 부여해도 도덕적일 수 있다는 주장. 그러면 찬성 측에서는 그것을 어떻게 해야 효과적으로 반박하면서 토론을 마무리할 수 있을까요? 먼저 토론 내용을 보시죠.

찬성 측 최종 발언 | 텍사스에서는, 그들은 흑인들에게 린치를 가합니다. 제 동료와 저는 한 남자가 불태워져 목이 매달려 있는 것을 봤습니다. 우리는 린치를 가한 폭도들 쪽으로 차를 몰았죠. 우리는 뒷좌석에 숨어서 서로의 얼굴을 보았지요. 그리고 눈에서 공포를 보았습니다. 더 나쁜 것은 부끄러움이었습니다. 이 흑인의 범죄는 무엇이었을까요? 무엇 때문에 안개로 가득 찬 어두운 숲에서 재판 없이 매달려져야 하나요? 도둑이었을까요? 살인자였을까요? 아니면 그냥 흑인? 소작농이었을까요? 설교사? 그의 아이들은 그를 기다릴까요? 거기에 단지 엎드려서 아무것도 안 한 우리는 누구일까요? 그가 무엇을 했던 간에 그 폭도들은 범죄자입니다. 하지만 법은 아무것도 안 했습니다. 단지 남겨진 우리는 궁금해 합니다. "왜?" 제 상대편은 말합니다. "법규를 좀먹는 것은 도덕적일 수 없다."고요. 하지만 '짐 크로우 사우스'에서는

법규가 없습니다. 흑인이 주택 공급을 거부당할 때도 학교와 병원에서 쫓겨날 때도 법규는 없으며, 우리가 린치를 당할 때도 법은 없습니다. 성(聖) 어거스틴이 말했습니다. "공정하지 못한 법은 법이 아니다."라고요. 그 뜻은, 저는 권리가 있다는 것입니다. 저항할 의무까지요. 폭력 또는 시민 불복종 중에서…… 여러분은 제가 후자를 택할 것을 기원할 것입니다.

흔히 "악법도 법이다."라는 논리에 대해서 혹자는 "악법은 법이 아니라 악"이라고 주장합니다. 부당한 법을 따를 것인가 말 것인가는 여기에서 갈라집니다. 시민 불복종의 도덕성을 주장하는 측에서는 일단 현실에서 그 법이 실효성이 없음을 지적합니다. 텍사스에서 벌어지는 흑인들에 대한 불법적인 린치가 바로 그 증거입니다. 백인만을 위한 부당한 법들이 판치는 곳에서 법을 지키는 것이 과연 도덕적이고 그 법규를 어기면 부도덕한 것일까요? 토론자는 어거스틴을 인용하면서 "공정하지 못한 법은 법이 아니"라는 주장을 펴고, 그 의미를 해석합니다. 그것은 부당한 법과 제도나 권력에 대한 저항의 권리와 의무를 뜻한다고 말입니다. 이렇게 해서 토론은 끝납니다. 입론으로 시작하여 반론의 과정을 거치고 마지막에 최종 정리 발언의 형태로 말입니다.

이 토론에서 눈여겨볼 것은 입론에서 '도덕'이란 단어에 대하여 정의를 내린 것과 최종 발언에서의 인용입니다. 입론에서 주요 개념을 정의할 때, '도덕적'이라는 말의 의미를 사전적으로 정의하지 않고 역사적 사건 속에서 끌어온 점이 매우 탁월하며, 마지막에 어거스틴을 인용하여 청중들에게 무언가 중요한 판단을 하도록 각인시킨 점은 매우 뛰어난 화법입니다. 우리가 눈여겨보고 배워 둬야 할 점이죠.

위에서 예를 든 토론에서는 직접적인 교차 심문이 없습니다. 찬성 측이 먼저 입론을 하면 거기에 이어서 서로가 계속 반박을 해 나가는 토론 방식입니다. 즉 찬성과 이어지는 반박, 그리고 마지막 최종 발언으로 진행이 됩니다. 흔히 이런 토론을 교과서에서는 '고전식 토론'이라고 합니다.

토론의 4대 원칙

토론이 원활하게 이루어지기 위해 몇 가지 정해진 원칙이 있습니다. 이 원칙이 지켜지지 않는다면 토론은 서로 이기기 위해 으르렁거리는 말싸움에 불과합니다.

자, 그럼 어떤 원칙들이 있는지 하나씩 알아볼까요?

첫째, 추정의 원칙입니다.

토론은 왜 할까요? 세상만사를 이렇게 바라보는 사람도 있고, 저렇게 보는 사람도 있으니 토론이 되겠지요. 어떤 사람은 지금 이대로가 좋은데, 다른 사람은 다르게 바뀌는 것이 좋다고 생각합니다.

지금 이 상태를 유지하려는 측과 무언가 변화를 원하는 측이 서로 대립하지요. 또 변화를 추구하더라도 이렇게 가야 한다는 입장과 저렇게 가야 한다는 입장이 있어 서로 충돌하기도 합니다.

'추정의 원칙' 이란 일단 지금 이대로의 믿음, 가치관, 정책 등을 적극적으로 부정하지 않을 경우 현재 상황에서 그대로 통용된다고 보는 자동적인 의사 결정의 규칙입니다. 예를 들어 법률에서 말하는 '무죄 추정의 원칙'과 비슷하다고 보면 됩니다. '무죄 추정의 원칙'이란 특별히 죄를 지었다는 구체적인 증거가 없을 경우 무죄로 인정하는 것입니다. 추정의 원칙이란 현재의 상황이나 제도에 대해 명확히 반대할 만한 증거가 없을 시에는 현재의 제도와 가치관이 올바르다는 의미이지요. 따라서 토론에서는 현재의 상황과 제도를 부정하는 측이 문제를 먼저 제기하고, 그 타당성을 증명해야 합니다.

보통은 현재의 제도를 부정하는 쪽이 반대라고 생각하기 쉬우나, 추정의 원칙에 따라 변화를 추구하는 개혁파는 논제에 대한 찬성 측 입장에 서고, 보수파는 반대의 입장을 표방하게 되는 것입니다. (이는 우리 사회에서 흔히 말하는 이념적인 진보, 보수와는 전혀 상관없는 개념입니다.)

따라서 현재의 제도를 반대하는 측이 논제를 발의하면서 찬성 측이 되고, 그대로 유지하자고 하는 사람이 변화를 반대하므로 반대 측이 됩니다. 그러면서 찬성 측은 현재의 제도에 문제가 있음을 증명해야 하는 '증명의 의무'를 지고, 반대 측은 찬성 측의 논의가 설득력이 없음을 증명해야 하는 '반증의 의무'를 집니다.

이 상황에서 찬성 측은 문제 제기를 하는 장점이 있는 반면, 반대 측은 상황 유지라는 인간의 일반적 속성 덕분에 유리할 수도 있습니다. 한편 찬성 측은 기존 상황에 문제가 있음을 입증하는 어려움이 있는 반면, 반대 측은 찬성 측에서 펼쳐내는 다양한 논리를 예측하고 대응해야 하는 어려움이 있습니다. 어느 쪽이 더 유리하다고 생각하시나요?

둘째, 평등 혹은 기회 평등의 원칙입니다.

현대 사회는 정치, 경제, 교육 등 어느 분야 할 것 없이 경쟁이 치열하고 우열이 뚜렷한 사회입니다. 인간의 자유로운 권리와 평등한 기회를 보장받고 싶지만 현실은 마치 앞서 언급한 영화 속처럼 자유와 권리를 온전히 보장하지 않습니다. 그런 가운데 그나마 기회 평등의 권리가 철저하게 지켜지는 분야가 있다면 아마 스포츠나 토론이 아닐까요?

동일한 선수 구성과 공정한 규칙에 의한 게임의 진행이 보장되지 않는다면 경기는 진행 자체가 불가능하고 그런 경기를 관람할 시청자는 아마 거의 없을 것입니다. 만약 실력이 비슷한 두 팀이 축구나 농구 경기를 할 때, 한쪽 팀의 구성원이 두 배로 많다면 공정한 결과가 나올 수 있을까요? 아마 이런 상황에서 두 팀이 대등한 시합을 할 수 있으리라고 예상하시는 분들은 없겠지요. 토론도 마찬가지입니다. 치밀한 논리를 가지고 다투는데 어느 한쪽이 시간을 두 배로 쓴다면 토론은 어느 쪽에 유리할까요? 당연히 더 많은 시간을 쓴 팀이 유리하겠지요. 이와 같이 공정한 결과를 끌어내기 위해서는 양측에 동등한 발언 시간과 기회를 주어야 합니다. 서양에서 토론을 지적 스포츠라고 하는 것은 이러한 공통점을 기반으로 한 것이겠지요.

사실 교육 토론은 발언 시간과 순서 등이 모두 정해져 있기 때문에 어느 한쪽이 시간을 더 오래 사용할 수 없습니다. 이러한 토론에서 토론자들은 공정하고 평등하게 정해진 규칙을 통해서 그 의미를 더불어 배우기도 합니다.

이때는 사회자의 역할이 중요한데, 교육 토론의 경우 정해진 규칙대로 진행을 하면서 토론 양측 어디에도 기울어지지 않은 모습을 보여야 하고, 방송 토론처럼 비교적 자유로운 토론의 경우에도 사회자는 공정성 시비에 휘말리지 않게 모든 토론자들을 최대한 배려해야 합니다.

셋째, 상호 존중의 원칙 혹은 의사소통의 원칙입니다.

토론을 듣다 보면 짜증이 나고 답답한 경우를 종종 볼 수 있습니다. 토론자의 논리가 일관성이 없고 주장과 근거가 논리적으로 연결이 안 되거나 아예 근거 자체가 황당하여 말도 안 되는 주장을 펼칠 때 그러하지요. 그래도 이런 경우는 잘 들을 수라도 있습니다. 하지만 토론하는 내용이 잘 들리지 않거나 혹은 듣는 사람이 감정이 상할 만큼 토론 태도가 나쁘다면 이건 더욱 심각한 문제겠지요.

뚝배기보다 장맛이라고 합니다. 하지만 뚝배기 없이 장맛이 제대로 살아날까요? 토론에서 쓰는 말은 평소에 하는 말과 얼마나 다를까요? 토론을 할 때는 기본적으로 예의 바르고 정중한 표현을 써야 합니다. 특히 존댓말을 쓰고 상대방의 신상에 관한 발언은 일절 해서는 안 됩니다. 예를 들어 상대방이 얼굴이 크거나 키가 작다고 인신공격을 한다면 토론 자체가 성립이 안 되겠지요.

또 자기소개에서부터 논지 전개까지 말을 할 때에는 적절한 속도와 명료한 발음, 그리고 상대와 청중이 잘 알아들을 수 있는 큰 목소리로 말을 해야 합니다. 짧은 문장으로 핵심 요점을 먼저 이야기하는 두괄식 말하기도 상대방을 배려하는 말하기라고 할 수 있습니다. 중요한 핵심 개념이나 주장, 근거 들을 앞에서 말하지 않고 나중에 드러내려 하면 시간에 쫓겨 제대로 정리를 다 하지 못해서 본인이 당황하는 경우가 많고, 듣는 사람 입장에서도 핵심 주장과 근거 파악이 어려워 원활한 의사소통에 방해가 됩니다.

우리나라 학생들은 자신감이 부족해서 여러 사람 앞에서 말하는 공적인 말하기 능력이 매우 부족합니다. 무엇보다도 충실한 준비를 통해서 자신의 논리를 큰 목소리로 자신 있게 드러낼 수 있어야 합니다.

토론의 기본 바탕은 의사소통이고 내가 존중받기 위해서는 발성이나 태노, 내용 등에서 니 역시 상대방을 존중해야 한다는 원칙을 지켜야 합니다.

넷째, 결과 승복의 원칙입니다.

토론이 승패를 가르는 싸움이라면 지고 나서 기분 좋은 사람은 별로 없겠지요. 토론의 정신이 과정에서 배우고 패배를 통해서 자기 자신이 더욱 성장할 수 있는 배움의 발판을 마련하는 것이라고 아무리 강조해도 패배를 쉽게 받아들이기는 어렵습니다.

토론이 스포츠와 같은 지적 경기라면 어차피 승패는 가려집니다. 그럼 승리만큼이나 값지고 아름다운 패배가 되려면 무엇보다도 과정에 최선을 다하고 공정한 규칙과 심사 결과에 대한 진정한 승복이 필요합니다.

토론 대회 진행 과정을 살펴보면, 토론 시합을 마치고 난 뒤에 결과에 불만을 품고 토론 행사 주최 측에 불만을 표하는 모습을 종종 볼 수 있습니다. 특히 아직 토론 결과를 차분히 분석하고 심사 기준을 명확히 이해하지 못하는 어린 학생들일수록 그런 불만을 품습니다.

이는 학생들이 판정 결과에 승복한다는 원칙을 잘 모르고, 마음속으로 수용하지 못하기 때문입니다. 또 심사를 할 때, 원칙과 기준을 명확히 알려 주고, 토론이 끝난 뒤에 토론자들이 납득할 수 있도록 충분히 설명을 해 주지 못해서 그런 경우도 많습니다. 그래서 토론의 심사자들은 토론의 결과를 발표할 때, 늘 어느 점이 우수하고 어느 점이 부족했는지 토론자 각자나 혹은 팀에게 제대로 된 피드백을 해 주는 것이 좋습니다. 그런 자상하고 충분한 설명을 들은 토론자들은 결과를 제대로 받아들일 수 있지만 그렇지 못한 경우 마음속 깊이 승복하지 못하기가 쉬우니까요.

따라서 토론의 결과를 존중하는 마음을 지닐 수 있도록, 결과에 대한 강평을 충분히 해 주는 것이 필요합니다. 미국 레드몬드 시 스티븐슨 초등학교 교실 벽에 붙어 있는 '토론의 규칙'에는 다음과 같은 내용들이 있습니다.

1. 나의 비판은 다른 사람을 향한 것이 아니라 다른 사람의 견해를 향한 것이다.
2. 나의 목표는 토론에서 이기는 것이 아니라 가장 바람직하고 실현 가능성이 큰 결론을 얻는 것이다.
3. 나는 모든 친구들이 토론에 참여할 수 있도록 격려하면서 나 자신도 토론을 통해서 배운다.
4. 설사 동의할 수 없는 의견이라고 해도 모든 학생들의 의견에 귀를 기울인다.
5. 누군가 자신의 생각을 충분히 표현하지 못했다는 생각이 들 때에는 최대한 그에게 다시 말할 수 있는 기회를 주고 그를 이해하려 노력한다.

6. 다른 사람의 견해를 비판하기 전에 먼저 모든 의견을 충분히 경청한다.

7. 토론을 통해 내가 변화해야 한다는 명백한 증거가 발견되었을 때는 기꺼이 자신을 변화시킨다.

> – 윤치영, 『1% 리더만이 아는 토론의 기술』(미래지식, 2009), 38~39쪽

　　몇 가지 짧은 경구들이지만, 토론의 기본 원칙과 자세를 담고 있는 훌륭한 규칙들이지요. 우리에게도 토론의 원칙을 제대로 담아낸 좋은 규칙이 만들어지면 좋겠습니다.

5

천 리 길도
한 걸음부터

– 토론의 준비

선생님 자, 이번에는 반대 측의 최종 결론 차례지요. 반대 측 세 번째 토론자 시작해 볼까요?

반대 측3 네, 이상의 세 가지 근거를 들어서 저희는 인터넷 실명제에 대해서 반대하는 입장을 표명하였습니다. 그러니까 첫째, 인터넷 실명제는 인터넷상에 글을 올리는 사람의 실명이 나타남으로써 표현의 자유를 위축시킬 수 있고, 둘째, 둘째, 음……. (더 이상 말을 이어가지 못하고 침묵을 지킨다.)

선생님 (시계를 보다가) 시간이 다 되어 가는데, 반대 측 더 정리할 말이 없는 건가요?

반대 측3 ……. (계속 침묵)

선생님 자, 그럼 이번에는 찬성 측 최종 결론입니다. 마지막 토론자 발언 시작해 주세요.

찬성 측3 저희는 인터넷 실명제는 필요하다는 입장을 계속 주장해 왔습니다. 마지막으로 그 이유를 정리해 드리겠습니다. 첫째, 현대 사회는 익명성이 보장된 사회입니다. 그러다 보니 네티즌들이 그 익명성을 이용하여 인터넷상에서 다른 사람들을 중상모략하는 경우가 종종 있어 왔고, 심지어는 악플을 통해서 누군가를 죽음으로 몰아넣는 일까지 발생하였습니다. 이보다 인터넷 실명제의 필요성을 더 잘 보여 주는 사례는 없습니다. 둘째, 둘째……. (반대 측과 마찬가지로 더 이상 말을 이어가지 못한다.)

선생님 찬성 측도 정리는 한 가지 이상이 없는 건가요? (시계를 보다가) 역시 시간이 다 되어 가는데……. 네, 거기까지 듣기로 하죠.

토론을 잘하는 비결 세 가지

앞의 토론에서 시간을 다 채우지 못한 학생들은 무엇이 부족한 걸까요? 토론자들이 자기 성찰을 한다면 아마도 다음과 같이 솔직하게 말할 수 있을 것입니다.

"정리 발언을 끝까지 마무리하지 못해 죄송합니다. 아무래도 토론의 준비가 부족한 듯합니다. 처음에는 잘 준비했다고 생각했는데, 상대방이 저희 개요서에 없는 내용으로 반론을 해 오니, 마지막에 효과적으로 대응을 못했습니다."

네, 역시 토론은 준비가 생명임을 드러내는 말이지요. 토론을 준비하고 이끄는 교사는 모범 답안을 제시하는 '가르치는 사람'이기보다는 학생들 스스로 문제를 정의하고 해결책을 찾아가도록 돕는 촉진자 혹은 조력자가 되어야 합니다.

그럼 토론을 준비하려면 꼭 도서관에 가거나 인터넷을 검색하는 등 뭔가 특별한 일을 해야만 하는 것일까요? 일상생활에서도 토론을 잘할 수 있도록 준비하는 방법은 없을까요?

2009년 4월 27일 자 『한겨레』를 보면 「전국 대회 '1등'이 말하는 토론의 기술」이라는 글이 나옵니다. 여기에는 전국 단위의 토론 대회에서 1등을 차지한 학생들이 꼽는 토론 잘하는 비결 세 가지가 나와 있습니다. 바로 그것은 "경험이 책보다 강하다, 상대 의견을 경청하라, 자신에게 늘 반문하라."입니다.

다른 팀들은 책에서 읽은 얘기나 우리랑 상관없는 정부 정책에 대해 얘기할 때 저희는 일상에서 직접 겪은 일이나 실천에 옮겼던 일을 얘기해서 좋은 평가를 받았대요.

'5·18 기념재단'에서 주최한, 2008년 '5·18 민중 항쟁 정신 계승 제7회 전국 고교생 토론 대회'에서 대상을 받은 김수림 학생의 이야기입니다. 토론의 논거를 꼭 책에서 끌어올 필요는 없다는 것이지요. 아무도 읽지 않은 책에서 끌어온 논리보다 모두가 한 번쯤은 겪어 봤음 직한 경험에서 우러나온 논리가 더 큰 설득력을 지닌다는 것입니다. 일상생활 자체가 훌륭한 논거가 될 수 있음을 알려 줍니다.

상대의 주장을 경청하는 게 토론의 기본이라는 사실은 새롭지 않습니다. 그러나 토론 대회에서 진심으로 다른 사람의 말을 경청하는 토론자는 생각보다 많지 않습니다. 김수림 학생과 같은 대회에서 상을 받은 김수현 학생은, "토론하는 동안에는 정말로 집중을 해야 한다."며, "남의 이야기를 놓치지 않고 들어야 상대방 논리의 허점이 보이고 반박의 지점들을 찾을 수 있다."라고 말했습니다. 이토록 중요한 경청의 기술 역시 바로 일상생활에서 길러지는 것입니다.

항상 '왜?'라고 물어요. 급식이 맛이 없는 날은 급식이 왜 맛이 없을까를 고민하다가 식자재 값 인상과 농산물 수입 개방을 생각하는 식으로요.

한국자유총연맹이 주최한 2008년 '제5회 전국 고교생 토론 대회'에서 대상을 받은 유시환 학생의 이야기 또한 새겨들을 만하지요? 평소에도 끊임없이 의문을 품고 자문자답하는 과정에서 논리가 생기고 자연스레 토론 연습도 되는 것입니다.

결국 전국 단위의 토론 대회에서 1등을 차지한 토론의 고수들이 전하는 토론의 비법은 바로 '평소의 삶'에서 꾸준히 토론을 '연습'하라는 것이었습니다.

토론의 연습은 경청과 반문만 있는 것은 아니지요. 더 체계적인 준비를 위해서는 논제의 성격과 특성을 알고, 개요서와 입론서를 잘 작성하며, 세부적인 논점을 파악하는 일과 논거를 제대로 준비하는 일입니다.

우선 토론을 잘하기 위한 과정으로 논제 정하기부터 살펴보겠습니다.

토론의 논제 정하기

가. 논제의 정의

논제란 토론에서 다뤄야 할 내용을 핵심적인 쟁점이 잘 드러나도록 선명하게 한 문장으로 정리해 놓은 것을 말합니다. 논제는 다음 조건을 충족시켜야 합니다.

첫째, 논제는 명제형으로 제시되어야 합니다.
토론의 방식과 목표에 따라 예외가 있기는 하지만 토론은 기존의 상황 변화를 주장하는 명제로 제시해야 합니다. 가령 4대강 사업이 추진되기 전이라면 '4대강 사업을 추진해야 한다.'로 제시하고, 4대강 사업이 문제가 많기 때문에 중단을 주장하는 입장이라면 '4대강 사업을 중단해야 한다.'라고 제시해야 합니다.

만약 '4대강 사업은 중단해야 하는가?'라는 식으로 논제가 제시되면 4대강 사업에 대한 난상토론 혹은 토의 형태로 진행됩니다. 이 경우 토의와 유사한, 넓은 의미의 토론은 가능하지만 교육적이고 공적인 토론에서의 찬반 대립 토론이 어렵기 때문에 의문형 질문보다는 대립이 뚜렷한 명제형으로 제시하는 것이 좋습니다.

둘째, 논제는 찬반 대립이 분명해야 합니다.

토론의 본질은 싸움이라고 했는데, 그럴 경우 입장 표현이 명확해야 합니다. 찬성과 반대, 긍정과 부정이 명확해야 서로의 주장과 근거에 대해 문제 제기를 하면서 반론의 과정을 이어갈 수 있습니다. 대립 축이 분명하지 않으면 막연히 서로의 입장만 드러내고 토론의 방향은 엉뚱한 곳으로 흘러갑니다. 싸움이라 해서 이기는 것만이 목적은 아니지만, 토론은 대립적인 상대방 논거에 대한 명쾌한 반론과 재반론의 과정으로 이어가야 합니다. 찬반 대립이 분명하지 않고, 열린 질문의 형태로 가면 의견이 여러 갈래로 나뉘어 토론의 방향이 흐트러집니다.

셋째, 중심 과제가 하나로 모아져야 합니다.

토론의 논제 가운데 세부 사항을 다루는 논점은 다양할 수 있습니다. 하지만 토론의 논제 자체가 여러 갈래로 퍼지면 토론 전체의 방향

을 잡을 수가 없습니다. 예를 들어 '국가보안법을 폐지해야 한다.' 라는 논제는 국가보안법의 존폐 여부를 다루는 하나의 중심 과제를 가지고 있습니다. 하지만 '국가보안법을 어느 시점에서 대체 입법화해야 하는가?' 라고 논제를 정하면, 존속, 폐지, 대체 입법 등의 입장이 다양하게 나뉠 뿐만 아니라 어느 시점에야 그것이 가능한가라는 두 가지 문제를 다루어야 하기 때문에 논제 자체가 혼동을 일으킵니다. 법의 존폐나 대안 혹은 시점의 문제는 세부적인 논점에서 다룰 수 있으므로 논제는 간명하게 하나의 의제만을 던지는 것이 좋습니다.

넷째, 논제는 문제를 제기하는 찬성 측의 입장이 담긴 긍정문으로 표현해야 합니다.

논제를 부정문으로 표현하면 찬성과 반대의 입장이 혼동될 뿐 아니라 실질적으로 주장하는 바가 무엇인지도 혼란스럽습니다. 만약 논제를 '사형제를 폐지해서는 안 된다.'라고 한다면 사형제 폐지에 반대하는 데 찬성하기 때문에 입장이 혼란스럽다는 것입니다. '사형제를 폐지해야 한다.'라고 해야 오해 없이 명확하게 입장을 정할 수 있습니다. 따라서 논제는 항상 긍정문으로 표현하여 찬성과 반대 입장을 드러내는 데 혼란이 없어야 합니다.

다섯째, 현 시점에서 뜨거운 쟁점이 되고 있는 시의성을 갖춘 논제여야 합니다.

사형제도 폐지 문제나 간통죄 폐지는 늘 우리 사회의 쟁점이 되는 뜨거운 현안입니다. 이는 관습적이면서 매우 오래된 주제이지만, 사람들의 의식 속에서는 풀리지 않는 수수께끼처럼 자리 잡고 있기 때문입니다. 그런가 하면 2008년의 쇠고기 수입 문제와 2011년의 무상급식 문제처럼 중요한 사건들이 발생할 때, 그래서 사람들의 관심이 고조되고 있을 때 이런 문제들을 토론 주제로 제시하는 것이 좋습니다.

여섯째, 토론거리는 구체적이고 입증 가능한 것으로 해야 합니다.

'인간의 삶은 언제 풍요로워지는가?', '물질은 정신보다 중요한가?' 같은 논제들은 우리들이 살아가는 데 중요한 문제이기는 하지만 구체적인 자료를 통해서 증명하기가 쉽지 않습니다. '4대강 사업은 중단되어야 한다.' 같은 논제는 어떨까요? 4대강 사업의 경제적 효과, 생태적인 문제점, 4대강 사업의 운영과 실행 과정에서 드러난 여러 가지 상황 등 구체적인 자료를 찾는다면 충분히 토론이 가능하겠지요.

인간살이의 모든 문제를 토론의 주제로 다룰 수 있지만, 가능하면 토론의 주제에 따른 주장을 증명할 수 있는 구체적인 자료와 논거가 있어야 합니다.

나. 논제의 세 가지 유형

경기 형식으로 진행되는 논쟁식 토론에서는 사실의 문제, 가치의 문제, 정책의 문제로 분류될 수 있는 논제를 다룹니다. 다음 예들을 봅시다.

❶ 피고는 살인의 혐의가 없다. (사실)
❷ 신앙의 자유는 언론의 자유보다 소중하다. (가치)
❸ 의무 교육은 고등학교까지 연장되어야 한다. (정책)

첫 번째 논제는 피고가 살인의 혐의를 지니고 있느냐 아니면 혐의를 둘 수 없느냐에 관한 것으로서 그 진위는 사실에 의해서 판별되어야 합니다. 이런 논제를 '사실 논제'라고 합니다. 사실 논제를 다루는 토론에서는 찬성의 편에 있든지 반대의 편에 있든지 간에, 토론자들의 주장의 옳고 그름은 사실과 일치하느냐 일치하지 않느냐에 달려 있습니다. 주장하는 바를 뒷받침하는 사실적 증거가 진실성을 지니느냐의 여부가 토론의 주된 판단이 되겠지요.

일반적인 토론에서 사실 논제는 전문가가 아니면 다루기가 어렵습니다. 독도가 한국 땅이냐, 일본 땅이냐 같은 문제나 천안함의 진실, 혹은 '위키리크스'가 폭로하는 문제들의 사실 여부는 전문적인 자료와 깊은 식견이 뒷받침되지 못하면 제대로 토론하지 못하니까요.

두 번째 논제처럼 민주주의의 기본적 가치에 속하는 신앙의 자유와 언론의 자유를 두고 어느 쪽이 더 소중한 것인가를 논하는 것은 '가치 논제'입니다. '좋은가, 나쁜가', '바람직한가, 바람직하지 못한가' 등으로 주장의 옳고 그름을 가립니다. 가치 논제일 경우에도 때때로 사실에 대한 진실 여부의 확인이나 논리의 일관성과 타당성의 입증이 따라야 하는 경우가 없지는 않지만, 결국에는 가치의 주장을 정당화하는 논쟁이 이루어지지요. 논쟁의 궁극적 결론이 가치를 표현하고 있으면 가치 논제라고 할 수 있습니다.

세 번째 '정책 논제'는 '하여야 한다' 같은 형식으로 사회적 문제에 대해 당위적 진술 혹은 선언을 하는 경우입니다. 대부분의 논쟁식 토론은 정책 논제에 대한 토론을 합니다. 우리 주변에 토론의 내용으로 삼을 만한 사회적 문제들이 매우 많은 게 가장 주된 이유이기도 하고, 다른 논제들의 경우 논쟁식 토론의 논제로서 적절하게 표현하기가 쉽지 않기 때문이기도 합니다.

토론 논점 분석하기

토론을 잘하기 위해서는 논제를 잘 파악하고, 논제 안에서 쟁점을 잘 찾아내야 합니다. 쟁점이란 찬반 양 팀이 각자 찬성하는 입장과 반대하는 입장에서 서로 치열하게 맞대결하는 주장을 말하는데, 이 쟁점을 문장으로 정리한 것이 바로 논점입니다. 논점 분석은 여러 각도에서 가능한 주장을 찾아내어 자신의 입장을 정리하는 것이라 할 수 있습니다.

논점 분석의 첫 번째 과정은 논제를 파악하는 것입니다. 논제의 종류를 파악하고, 그에 따른 사회적 배경을 조사한 다음, 자신의 입장을 어떻게 정할 것인지 결정합니다.

그다음 단계가 바로 논점을 구축하는 단계입니다. 즉 논제에 대해서 '예 / 아니오'에 해당하는 답을 찾아 판단이 싶은 답끼리 서로 연결하는 것을 말합니다. 논제의 유형에 따라 답을 분류하는 기준은 달라집니다. 우선 사실 논제일 경우에는 '무엇이 사실인가?' 또는 '어떤 사건이나 행위가 실제로 일어났는가?' 등을 따져보아야 합니다. 가치 논제는 동일한 사안이나 대상에 대해 서로 가치관이 다르기 때문에 일어나는 갈등과 충돌을 전제로 하는 것입니다. 그래서 주로 개념 정의, 가치가 충돌하는 지점, 가치 판단의 기준 등을 생각해 보아야 하지요. 마지막 정책 논제일 경우에는 새로운 정책을 통해 과연 현재의 문제 상황을 해결할 수 있는지를 따져보는 것이 가장 중요합니다. 그러므로 정책 논제에 대해서는 일단 핵심 용어에 대한 개념 정의, 현재 정책의 문제점, 새로운 정책의 필요성과 문제 해결의 가능성 등을 검토합니다.

설득력 있는 토론을 펼치려면 근거 자료와 타당한 논거를 가지고 논점을 제시해야 하겠지요? 특히 입론에서 자기 팀의 논점을 제시할 때에는 근거 자료와 논거를 토대로 하여 논점의 정당성을 입증해야 합니다. 또 반론할 때 역시 타당한 근거와 자료를 바탕으로 상대방의 논점이 타당하지 않다는 것을 주장해야 하고요.

자료 조사와 논거 카드 만들기

토론의 성공은 바로 풍부한 자료를 찾고, 적절한 논거를 확보하는 데 달려 있습니다. 토론의 핵심은 논제의 주요 쟁점을 찾은 다음, 공유점은 놔두고 핵심 쟁점을 제대로 따져서 주장하고 반박하는 것입니다. 이를 위해서는 충분히 자료 조사를 하고 끊임없이 가설을 재구축해야 합니다.

우리가 토론에서 자신의 주장이 정당하다는 것을 입증하려면 기본적으로 주장, 주장을 지지해 주는 근거 자료, 근거 자료를 바탕으로 주장을 가능하게 해 주는 논거, 이 세 가지 요소를 잘 갖추어야 합니다.

가. 자료 찾기

자료는 다음과 같은 방법으로 찾을 수 있습니다.

❶ 인터넷으로 자료를 검색한다.
❷ 문헌 자료를 찾아본다.

❸ 설문 조사나 인터뷰를 한다.

나. 자료 정리하기

자료는 다음과 같은 기준에 따라 정리해 둡니다.

❶ 자료를 작성한 저자의 주장을 명확하게 찾아낸다.
❷ 주장을 지지하는 근거 자료가 무엇인지 찾는다.
❸ 통계 자료(데이터), 전문가의 견해, 사례 등으로 자료를 구체적
   으로 분류한다.

다. 논거 카드 만들기

'논거 카드' 란 조사한 자료를 카드로 일목요연하게 정리한 것을 말
합니다. 논거 카드 만드는 방법은 다음과 같습니다.

❶ 자기 나름의 정리 체계를 세우고 일관성 있게 정리한다.
❷ 논점별로 카드 색을 구분하여 서로 섞이지 않게 한다.
❸ 구별하기 쉽게 각 카드에 일련번호를 붙인다.
❹ 카드에 데이터, 사례, 전문가의 견해 등을 구분하여 붙인다.
❺ 논거로 활용되는 한 가지 자료는 한 장의 카드에 들어가도록 정
   리한다.

토론 개요서 작성하기

성공적인 토론을 위해 절대로 빼 놓을 수 없는 것이 바로 '토론 개요서'를 작성하는 것입니다.

가. 토론 개요서 작성의 장점

토론 개요서를 작성하면 무엇보다 토론의 전략을 체계화할 수 있습니다. 논리적 흐름에 따라 자료를 분류하고 분석하여 토론의 흐름에 맞게 정리할 수 있게 되지요. 다음으로 상대방의 전략에 대한 대비가 가능합니다. 찬반 양쪽의 논점과 논거를 대조하면서 비교·정리하기 때문에, 전략을 예측하고 이에 대비하는 안목이 생깁니다.

나. 토론 개요서 작성 방법

자기 팀은 물론이고 상대 팀의 입장과 논점도 예측할 수 있도록 작성합니다.

❶ 먼저 자기 팀의 논점과 논거를 정리한다.
❷ 그에 대해 예상되는 반론과 반론에 대한 대책을 마련한다.
❸ 상대 팀의 논점과 논거를 찾아본다.
❹ 상대 팀의 논점과 논거에 대해 반론할 만한 문제점을 분석한다.

⑤ 자기 팀의 논점과 논거에 대한 상대 팀의 반론을 예측하고 대책을 세운다.

다. 토론 개요서의 구체적인 내용

❶ 논제에 대한 자기 팀의 입장(또는 찬성과 반대의 대립된 입장이나 관점)을 정한다. 토론 대회를 위해서는 두 가지 입장을 모두 준비해야 한다.

❷ 자기 팀의 입장에서 입론에 들어갈 전제, 핵심 개념, 논점, 논거들을 정리한다. 배경 상황, 핵심 용어의 개념 규정, 논섬과 논서의 나열, 기대 효과의 순서로 구성한다.

❸ 상대 팀의 입론을 예측하여 위의 순서대로 정리한다. 예측을 하는 것이므로, 실제 토론에서 적중할 수 있도록 자료 조사와 논점 분석 등에서 다각도로 심도 있게 접근한다.

❹ 자기 팀의 입론에 대한 상대 팀의 반론을 예측하여, 상대 팀의 반론 칸에 적는다. 상대 팀이 자기 팀의 입론에 대해 반박할 내용을 예측하는 것이므로 역시 다각도로 접근해야 한다.

❺ 상대 팀의 반론에 대한 대책을 바로 아래 자기 팀의 반론 대책 칸에 적는다.

토론 개요서의 구체적인 형태는 다음 페이지에 제시하였습니다.

• 세다 토론 개요서(서울 영동일고등학교)

대회명	제2회 서울 고등학생 토론 대회				
학교명	OO 고등학교	팀명	(팀장 : 정**)	팀원 성명	1. 정** 2. 전** 3. 노**
논제	중범죄 피의자의 신상을 공개해야 한다.				
용어 정의	1. 앙똘레랑스 : 똘레랑스(서로 다름을 인정함, 권리를 보장함, 관용)의 반대 개념. '틀린 것'에 대해서는 똘레랑스의 정신을 보장할 수 없다는 의미. 2. 공적 인물 이론 : 자의 및 타의에 의해 공적 인물이 된 사람에게는 알 권리가 우선한다. 3. 빅브라더 : 정보의 독점으로 사회를 통제하는 관리 권력, 혹은 그러한 사회 체계를 일컫는 말. 4. 공공의 알 권리 : 국민 개개인이 정치 · 사회 현실 등에 관한 정보를 자유롭게 알 수 있는 권리. 5. 데스노트 : 고등학생 야가미 라이토가 사람의 이름을 쓰면 그 사람은 죽는 사신의 공책 '데스노트'를 갖게 되면서 일어나는 이야기를 다룸. 라이토가 데스노트를 이용해 범죄자를 죽임으로써 범죄율이 현저하게 줄어든다.				
쟁점	• 쟁점 1 : 중범죄자의 인권을 보장해야 하는가? • 쟁점 2 : 국민의 알 권리를 보장해야 한다. / 언론의 선정성을 고려해야 한다. • 쟁점 3 : 범죄 예방의 효과가 있다. / 과도한 이중 처벌이다.				

쟁점		긍정 측	부정 측
쟁점1	주장	중범죄자는 권리를 인정받을 가치가 없다.	인권은 누구에게나 적용되는 것이다.
	근거	• '틀림'에 대한 앙똘레랑스의 정신을 고려해 보아야 함. • '파크'에 따르면 권리에 따른 의무를 수행하지 않은 사람들은 권리를 소유할 자격이 없음.	• 무차별 평등의 원리에 어긋남. • 헌법의 이념 – 인간으로서의 기본적 존엄과 가치를 보장함. • 주변 인물 등 2차 피해가 우려됨.
쟁점2	주장	알 권리를 존중해야 한다.	언론의 선정성을 고려해야 한다.
	근거	• 피해자의 권리 중 정보에 관한 권리를 중시해야 함. • 언론의 역할은 '공론'을 형성하는 것임. • 범죄자는 공인이므로 공적 인물 이론에 따라 공공의 알 권리가 우선함.	• 언론은 단순한 사실만을 전하지 않음. • 따라서 정치적인 색채나 선정성, 상업성을 띠는 등의 부작용이 생길 수 있음.
쟁점3	주장	범죄 예방의 효과가 있다.	과도한 이중 처벌이다.
	근거	• 현재 시행되는 성폭력범에 대한 신상 공개 정보 제도의 효과 • 논문 결과 – 범죄가 일어나기 전에 대처함으로써 범죄 예방 효과가 있음. • 하지만 종합적인 대책을 추진해야 함.	• 헌법 제13조 1항 이중 처벌 금지의 원칙 • 얼굴 공개는 사회적 응징으로 여겨지기 때문에 일종의 처벌임. • 심리적 위압감과 기본권 박탈 등을 보면 사실상의 처벌임.

• 원탁 토론 개요서(서울 고등학생 토론 대회 안내 자료)

<table>
<tr><td align="center">**원탁 토론 개요서**</td></tr>
</table>

학교　　　학년　　반　이름:

1. 논제 : 고급 예술과 대중 예술의 경계를 가르는 기준이 존재한다.

2. 자기의 입장(입론) : 이 사회에서는 고급 예술과 대중 예술의 경계를 임의적으로 가르기는 하지만 본질적으로 그 둘을 엄격하게 구분할 잣대는 없다.

3. 입장의 근거가 되는 전제와 증거

　가. 마르셀 뒤샹이나 앤디 워홀 같은 경우 사람들이 가지고 있는 예술에 대한 통념을 깨면 서 새로운 예술 개념을 창조했다.

　나. 그 둘을 굳이 가르려는 사람들은 대체로 자신들의 삶과 사고가 고급 예술적이라고 생각 한다. 그리고 일반 대중들은 상업적이고 수준이 낮은 대중 예술을 즐긴다고 규정한다.

　다. 예술의 전당이나 문예회관을 일반 가수들이 사용하면 대중 문화도 고급 예술이 된다. 즉 국가이 예술의 고급화를 실행한다면 그건 예술을 틀시반 이부의 문제이지 예술 자 체의 문제라 볼 수 없다.

4. 예상되는 상대측의 논거와 증거

　가. 현실적으로 우리 사회에서는 두 개념을 명확히 구분해서 사용하고 있다.

　나. 예술의 새로운 개념을 창시한 뒤샹이나 워홀, 폴록 같은 사람들의 작품이 다시 고급 예 술의 경계를 만들어내고 있다.

　다. 예술의 외부를 형성하는 요인들도 결국 예술의 한 영역이 된다.

5. 상대측의 문제점(약점, 결함)

　가. 개념을 구분하는 의도 안에는 대중 예술에 대한 비하 의식이 담겨 있다. 이는 예술에 대한 편견을 조장한다.

　나. 개념을 구분한 결과가 과연 대중들에게 바람직한가 여부를 물었을 때, 긍정적인 답을 얻기 어렵다. 즉 예술을 향유하는 계층의 계급적 차이를 불러온다.

6. 예상되는 (상대측의) 반론

　가. 예술의 수준과 차이를 구분해 내는 일은 필요하고 바람직하다. 아이들의 낙서와 거장 의 작품은 분명히 차이가 있다.

　나. 자본주의 사회에서 계층이나 계급 역시 현실적으로 존재한다. 예술은 현실을 반영하고 현 실에 영향을 받으므로 예술의 내용이나 수준, 혹은 외부 환경의 특성을 무시할 수 없다.

7. 상대측의 반론에 대한 대책

　가. 작품의 예술성을 논할 수는 있으나, 고급성과 대중성을 구분할 수 없다. 수준의 차이를 인정하더라도 대중성의 의미를 폄하해서는 안 된다.

　나. 예술은 계급과 차별 의식을 극복하기 위해 존재할 때 진정한 가치를 실현한다.

6

귀의 겸손

– 토론과 경청

유진 선생님, 우리 모서리 토론해요.

선생님 아니 웬일이냐! 토론을 다 하자고 그러고.

유진 원래 저 토론 좋아하는 거 아시잖아요. 사실은 토론을 하다 보니
책도 많이 읽어야 하고 입론서나 개요서를 쓰다 보면 쓰기 공부
도 되고, 또 직접 토론하다 보면 말도 많이 하게 되는데, 정작 듣
는 건 얼마나 중요한지 잘 모르겠거든요. 그래서 말하기, 듣기,
읽기, 쓰기 다 중요하지만 이 중에서 가장 중요한 것을 하나만 고
르면 무엇이 좋을지 모서리 토론을 해 보고 싶어요. 사람의 신체
기능으로 말하자면 입(말하기), 귀(듣기), 눈(읽기), 손(쓰기) 가운
데 어느 것이 가장 중요한지 토론해 보고 싶다고요.

선생님 그래. 따져보면 다 서로 연결된 기능이라 중요하지 않은 것이 없
겠지만, 한 번쯤은 각각의 기능과 역할을 깊이 따져보는 것도 의
미 있는 일이겠구나.

유진 선생님은 그 주제에 대해서 어떻게 생각하시는데요?

선생님 음~ 그거 무척이나 까다롭고 어려운 질문인걸. 그 어느 것 하나
중요하지 않은 게 없지만, 그 가운데 특별한 하나를 선택하라면
귀, 즉 듣기를 선택하고 싶구나.

유진 와, 왜요? 거기에 특별한 의미가 있나요?

선생님 글쎄……. 너, 미하엘 엔데의 『모모』라는 소설 읽어 보았니? 거기
에는 '모모'라는 이름의 한 소녀가 등장하지. 그녀는 가진 것도
없어 주위 사람들의 도움을 받아 반쯤 허물어진 폐가에 자리를
잡는데, 얼마 지나지 않아 그 도시에 없어서는 안 될 중요한 인물

로 부상한단다. 사람들은 무슨 일이든 문제가 생기면 '모모에게 가보라.'라고 말하지. 이유가 뭘까? 모모가 무슨 원더우먼 같은 재주를 가져서가 아니란다. 모모는 그냥 남의 말을 잘 들어주는 능력이 있었지. 질문도 하지 않아. 진심으로, 귀를 기울여 들어줄 때, 상대는 희망을 찾고 새로운 삶의 길을 발견하지. 모모 뿐만이 아니란다. 내가 특별히 존경하는 성인들은 다 귀가 성숙하고 발달한 사람들이지.

듣기의 중요성

한 열성 신자가 오랜 열망 끝에 신을 만났습니다. 만나자마자 그는 자기가 얼마나 간절히 신에게 기도를 했는지, 줄줄이 늘어놓았습니다. 그러자 신은 이렇게 말했다 합니다. 기도하지 말고 내 말을 경청하라. 그러면 기도할 필요조차 없어질 테니…….

— 이슬람 우화에서

바수데바와 나는 며칠 동안 쉬지 않고 이야기를 나눴다. 이야기를 한 것은 대부분 나였다. 바수데바는 단지 "그렇군요." 같은 짧은 대답만 간간이 했을 뿐이었다. 하지만 나는 그 대화에서 커다란 감화를 받았다. 바수데바는 청자(聽者)다.

— 헤르만 헤세, 『싯다르타』(민음사, 2002)에서

위에 인용한 말이 아니라도 경청의 중요성을 언급한 말들은 많습니다. 체로키(cherokee) 족 속담에는 이런 말이 있습니다. "들어라. 그렇지 않으면 당신의 혀가 당신을 귀먹게 할 것이다." 영국 속담에는 "지혜는 듣는 데서 오고 후회는 말하는 데서 온다."라는 말도 있지요. 또 아라비아 속담에도 "듣고 있으면 내가 이득을 얻고, 말하고 있으면 상대가 이득을 얻는다."라는 말이 있습니다. 무엇보다도 사람의 귀는 둘이고 입은 하나라는 사실이 듣기가 말하기보다 두 배로 중요하다는 뜻이라는 우화도 그럴듯합니다.

'듣기'란 무엇을 의미할까요? 듣기를 나타내는 한자는 '경청'입니다. 한자로는 '경청(傾聽)'이란 단어도 있고, '경청(敬聽)'이란 단어도 있는데 모두 비슷한 의미로 쓰입니다. 앞의 '경(傾)' 자는 '기울어질 경(傾)' 자입니다. 몸과 마음과 귀와 정성을 기울여 들어야 한다는 말입니다. 뒤의 '경(敬)' 자는 자신을 숙여 예의 바르게 공경한다는 의미이니 기울어진다는 의미보다 더 깊다고 할 수 있습니다. 여기서 특히 주목할 글자는 '들을 청(聽)' 자인데, 자세히 분석해 보면 왕[王]이 하는 말을 귀[耳]와 눈[目]을 통해 한마음[一心]으로 열심히 집중하여 듣는다는 의미가 있습니다. 따라서 '경청'은 온몸을 기울여 진심을 다해 귀 기울여 듣는다는 뜻입니다.

성인이란 어떤 사람일까요? 예수나 공자, 석가, 소크라테스 같은 4대 성인을 비교했을 때 가장 두드러진 공통점이 무엇일까요? 동화 속 주인공인 '모모'와 '어린왕자'도 마찬가지 공통점을 갖고 있지요. 그것은 바로 '잘 듣는다'는 점입니다. 가끔 질문을 던지면서 상대방이 하고 싶어 하는 이야기를 하염없이 들어주다 보면 상대방의 마음속에 맺힌 게 풀리고, 어느새 말을 하던 사람들은 자유로움과 평안함을 얻지요. 그런 점에서 보면 성인은 뛰어난 연설이나 현란한 말솜씨가 아니라 자기를 낮춰 귀를 기울이는 데서 빛이 나는 것 같습니다.

성인은 어떤 사람을 가리키는 말일까요? 한자로 '성(聖)' 자는 귀[耳]와 입[口]과 왕[王]으로 이루어져 있습니다. 귀와 입을 왕처럼 잘 다스리는 사람이라고 해석하기도 하고, '입 구(口)' 자가 그릇을 뜻해서 고대에 제사를 지내는 사람이라고 해석하기도 합니다. 제사를 지내는 사람들은 하늘과 자연과 신의 소리를 깊게 들을 줄 아는 사람이고, 그런 사람이 왕이 되어 제사를 지낸다는 뜻입니다.

이들이 듣는 소리는 비단 사람의 소리만은 아니겠지요. 오히려 성인들은 '소리가 없는 소리'들을 잘 듣는다고 합니다. 장자는 들리지 않는 소리를 듣는 '청무성(聽無聲)'의 이치를 말씀하셨지요. "침묵의 소리를 들어라. 깊은 소리는 소리가 없다. 인간의 깊은 내면에서 울려오는 양심의 소리, 자연과 역사의 소리를 들어야 참 사람이다."라고 말이지요. 세계를 다스려 왔던 숱한 왕들 가운데 성군(聖君)이라 불린 사람들은 자연과 역사와 백성의 소리에 귀를 기울일 줄 아는 사람들이었습니다. 잘 듣는 가운데 무엇을 말할까에 대해 고민하며 성장한 사람들입니다. 그들이 힘을 써서 바꿔 온 인류의 역사는 잘 듣는 데서 비롯된 것입니다.

"소통은 말하기가 아니라 듣기다."

어느 자리에서 소설가 김훈 선생님의 강연을 들었습니다. 마침 그날의 주제가 말하기와 듣기였습니다. 자신의 문장처럼 간결하고 서늘한 목소리로 김훈 선생님은 말하기와 듣기의 관계에 대해 말씀하셨습니다. 소통과 토론을 화두 삼는 선생님의 목소리를 통해 선생님의 고민 또한 소통을 꿈꾸는 교사와 학생들의 열망과 다르지 않음을 확인하면서 한편 기쁘고 한편 서글펐습니다. 그만큼 우리 시대의 소통 지수와 토론 능력이 낮다는 것을 반증하는 것이니까요. 좀 길지만 들은 만큼 인용해 보겠습니다.

듣기는 읽기와 같습니다. 내가 세상을 받아들이는 태도입니다. 말하기는 쓰기와 같습니다. 나를 세상에 표현하는 겁니다. 말하기는 듣기가 있어야 가능합니다. 아무도 듣지 않는다면 담벼락에 대고 말하는 겁니다. 우리 시대에는 듣기가 없고 말하기만 있습니다. 학교에서도 그렇게 가르칩니다. 청각 장애자, 귀머거리의 시대입니다.

말하기는 듣기의 바탕에서 가능합니다. 듣기가 먼저고 말하기가 나중입니다. 듣기가 바탕이 되어야 합니다. 언어의 존재 목적은 하나입니다. 인간과 인간의 소통입니다. 소통은 말하기가 아니라 듣기입니다. 듣기가 없으면 소통이 안 됩니다. 읽기도 듣기와 같습니다. 남의 것을 받아들여 나를 개조하는 겁니다. 주희 선생의 글을 보며 깜짝 놀랐습니다. "책을 읽었는데 읽기 전과 같다면 책을 읽을 필요가 없다"고 합니다. 책을 읽고 나를 개조할 수 있느냐 없느냐라는 기본 문제를 고민하지 않는 한 책을 읽는 건 의미가 없습니다. 동양 선비들은 그것을 심각하게 고민했습니다. 이러면 책 읽기가 편하지 않습니다. 그러나 나를 개조하느냐 마느냐 하는 것은 인간 실존의 고민입니다.

(중략)

언어 비극의 바탕에는 듣기가 부재하다는 데에 있습니다. 청각 장애자들의 시대입니다. 언어의 순결성, 소통 능력을 회복하지 않는 한 비극이 계속됩니다. 민주주의는 인간 사이의 소통이 가능해야 합니다. 의견을 사실처럼 말하는 언어는 소통을 못합니다. 소통을 못하면 억압적인 것입니다. 민주주의를 기대하기 어렵습니다. 나는 언어라는 것이 더 이상 세력으로 존재해서는 안 되고 이성으로, 소통의 장치로 돌아가야 한다고 생각합니다. 순결한 허약성으로 돌아가야 합니다. 우리 시대의 언어는 허깨비의 언어입니다. 소통 능력이 없습니다. 말하기와 듣기에 관한 나의 문제의식이 이렇습니다. 이 문제의식이 틀린 것이기를 바라지만, 불행히도 틀린 것 같지 않습니다. 우리 시대가 해결해야 합니다.

김훈 선생님 역시 소통을 강조하시지요. 그러면서도 말하기보다는 듣기가 소통의 근원이고 말하기로 남을 억압하고 강제하기보다는 듣기의 힘을 기르는 데서 스스로를 성찰하고 변화하는 힘을 얻을 수 있다고 말합니다.

성경에 따르면, "태초에 말씀이 있었다."고 합니다. 어쩌면 이 말은, 이 말씀을 들어주는 누군가 있었다는 뜻이 아닐까요? 설마 하느님이 벽에다 대고 독백을 하시지는 않았을 테니 말입니다. 결국 누군가에게 말을 한다는 것은 관계에서 상대방을 의식하거나 존중한다는 뜻이고, 모든 말하기의 이면에는 침묵의 청자가 있다는 뜻이기도 합니다. 그래서 김훈 선생님도 말하기는 듣기의 바탕에서 가능하다고 말씀하셨겠지요.

토론은 듣기일까요, 말하기일까요?

토론 대회를 마치고 심사 위원에게 기자가 질문을 했습니다.

기자 │ 오늘 이처럼 멋진 대회에 초대해 주셔서 감사합니다. 오늘 대회를 보면서, 앞으로 저도 단지 책을 읽기만 할 것이 아니라, 친구들과 또는 가족들과 대화를 나누고 토론을 하다 보면 책 속에서 더 많은 것을 얻을 수 있을 거 같다는 생각을 했습니다. 출전한 팀들을 보면 대체적으로 아직은 토론이 미흡하지 않나 하는 생각이 듭니다. 아직도 토론 중간 중간에 "네 생각이 틀렸어."라고 말하거나, 아무런 결론을 내지 못하거나, 또는 일방적으로 도덕적인 결론만을 강요하기도 했는데요, 심사 위원님은 어떻게 보셨는지요?

조은주(심사 위원) │ 맞습니다. 아직은 토론이라는 말 자체도 생소한 데다가, 토론 문화가 정착되지 못하다 보니, 아직까지 가부장적인 토론 형태를 갖고 있는 것이 사실입니다. 이러한 상황을 고쳐 나가기 위해서 토론 대회가 필요하다고 생각합니다. 토론에 있어서 '맞다, 틀리다' 라고 말을 하면 상대방이 더 이상 말을 잇지 못하기 때문에, 상대방의 이야기를 경청하면서 내 의견을 주장하는 태도가 진정한 토론자의 태도입니다. 토론의 60퍼센트는 경청이라 해도 과언이 아닙니다.

굳이 성인의 경지까지 가지 않더라도 깊은 생각과 전문적인 토론의 안목을 가진 사람들은 무엇보다도 경청의 중요성을 잘 깨닫고 있습니다. 이러한 경청은 몇 단계의 과정을 거쳐서 깊어집니다.

첫 단계는 '나를 위한 경청' 입니다. 그건 '발견(發見)' 이라는 단어로 설명할 수 있습니다. 누군가를 판단하려는 나를 비워 내고 내면에 귀를 기울이면 나도 몰랐던 새로운 나를 발견할 수 있습니다.

다음은 '너와 나 서로를 위한 경청' 입니다. '공감(共感)' 이죠. 내 안의 너, 네 안의 나를 받아들이고 이해하면 상호간에 소통의 목소리가 형성됩니다. 『공감의 시대』를 저술한 제러미 리프킨은 '공감' 이야말로 21세기 우리 문명이 나아가야 할 방향이라고 힘주어 말합니다. 상대를 위한 경청의 자세를 배우라는 말이지요.

여기서 한 단계 더 나아간 것이 '모두를 위한 경청' 입니다. '상생(相生)' 이죠. 서로에게 귀 기울이는 것은 모두를 살리는 공존의 길입니다.

그리고 마지막 단계가 바로 '이청득심(耳聽得心)' 의 경지입니다. 상대방의 마음을 얻는 경지에 이르는 단계로 귀 기울여 경청하는 일은 사람의 마음을 얻는 최고의 지혜입니다. (조신영·박현찬, 『경청-마음을 얻는 지혜』(위즈덤하우스, 2007), 242쪽)

듣기를 잘하는 방법

나는 '야'라고 말했는데, 상대방은 '어'라고 들을 때의 기분이 어떤지는 누구나 잘 아실 겁니다. '님'과 '남'은 점 하나 차이지만 그 의미가 극과 극인 것처럼, 말에서도 귀와 마음을 열지 않아 잘못 알아들으면 답답하기 짝이 없습니다. 우스운 이야기 하나 들려드리지요.

한 남자가 다급한 목소리로 캘리포니아 해안 구조대에 SOS를 보냈습니다.

"요트가 침몰하고 있다. 구조를 요청한다."

"알았다. 곧 구하러 가겠다. 당신의 위치를 말하라."

그런데 무전기에서 엉뚱한 답이 들려왔습니다.

"나는 한국의 B사 사장이다."

그러고는 회신이 끊겼지요. 결국 요트는 침몰했다고 합니다. 당신의 위치를 말하라고 하는 "What is your position?"이란 말을 잘못 알아들은 탓입니다. 생명을 건지기 위해서 자기가 있는 위치를 말해야 하는데, 자신의 직위를 말한 것이지요. 평소의 자기 직위에 대한 고정적인 인식과 권위적인 태도가 이런 순간에서까지 배어 나온 것입니다.

사람들이 세상에서 가장 두려워하는 게 뭔지 아십니까? 죽음이라고요? 맞습니다. 그런데 어떤 사람한테는 죽음보다 더 두려운 게 있나 봅니다. 이 사람에게 죽음은 두려움의 대상 제3위라고 하는군요. 2위는 바로 사랑하는 사람의 죽음이고요. 그럼 1위는 무엇일까요? 그건 바로 사람들 앞에서 말하는 것이라고 합니다. 청중들 앞에서 말하는 게 죽기보다 더 두렵다는 것이지요. 그만큼 누군가에게는 말하기가 어렵다는 뜻일 것입니다.

그런데 저는 그것보다 더 두려운 것이 있습니다. 바로 벽을 보고 이야기하는 것입니다. 수많은 사람들 앞에서 이야기를 하는데, 그 사람들이 나의 존재를 무시하는 건지 '당신은 떠들어라 나는 나의 길을 가련다.' 하는 표정을 지을 때, 저는 공포의 수준을 넘어 경악하게 됩니다. 나는 살아 있는 사람인 줄 알고 말을 걸었는데, 유령 같은 반응을 보일 때, 특히 학생들 앞에서 조회나 종례 혹은 수업을 할 때 그런 느

껌을 많이 받습니다. 솔직히 말하면 지금은 익숙해져서 아무렇지도 않지만, 처음에는 정말 속이 많이 상했습니다. 저뿐 아니라 누구든 자기가 말을 할 때 상대방이 무시하고 듣지 않는다면 속이 상할 것입니다. 설령 예수나 부처 같은 성인군자라 하더라도 말이지요.

짝 지어 경험 이야기하기

그럼, 듣는 태도가 얼마나 중요한지를 직접 실습해 보겠습니다.

(가) 가위 바위 보

일단 두 사람이 짝을 지어 한 모둠이 됩니다. 반갑게 인사를 나누고 가위 바위 보를 해 볼까요? 우선 가위 바위 보에서 진 사람은 손을 들게 합니다. 당연히 벌칙이 있어야겠죠. 진 사람은 2분 간 이긴 사람에게 그 동안 자기가 살아오면서 겪은 일 중 가장 오래도록 기억에 남는 일을 말하게 합니다. 흥미로운 여행 경험도 좋고, 사랑하는 사람과의 추억이나 멋진 친구와의 우정, 또는 슬프고 힘들었던 일도 좋습니다.

(나) 듣는 사람의 태도 정해 주기

마음의 준비가 되었으면 시작을 하는데, 단 여기에는 조건이 있습니다. 바로 듣는 사람의 태도를 정해 주는 것입니다. 듣는 사람은 어떤 자세로 듣는가? 최대한 느긋하고 편안한 자세로, 하지만 귀를 기울이지 않고 아주 엉뚱한 일에 흥미를 보이면서 딴청을 피우는 것입니다. 예를 들면 휴대폰을 꺼내 문자를 확인한다거나, 책을 들춘다거나, 어디 먹을 게 없나 하는 표정으로 주위를 두리번거리는 것입니다. 이런 행동을 요구하면 장내는 금방 웃음바다가 됩니다. 이긴 사람은 '아!' 하는 표정으로 신나게 안 들을 준비를 하는 반면, 말할 사람은 죽을 맛이지요. 이때 말하는 사람의 기분이 어떨지는 굳이 말을 하지 않아도 짐작하실 겁니다. 나는 나름 열심히 추억을 떠올리며, 소리를 높여 가며 주의를 끌면서 말을 하는데, 상대방은 마이동풍, 완전히 듣는 둥 마는 둥 딴청이 장난이 아니니까요. 진 사람한테는 '2분이란 시간이 이렇게도 길구나.' 하는 느낌이 늘 것입니다

(다) 역할 바꾸기

다음에는 당연히 이긴 사람이 말을 할 차례. 앞에서와 같은 방식으로 하되 이긴 사람에게 잠시 생각할 시간을 줍니다. 이번에는 이긴 사람이 자신의 추억을 말할 차례입니다.

(라) 듣는 사람의 태도 바꾸기

자, 그럼 이번에는 진 사람이 들어줄 차례인데, 진 사람의 듣기 태도를 말씀드리겠습니다. 진 사람은 아까 이긴 사람과는 정반대로 최대한 경청하는 자세를 보여 줘야 합니다. 눈을 마주치고, 고개를 끄떡거리며, "아!" 하는 감탄사와 함께 말하는 사람의 이야기에 최대한 장단을 맞춰 줍니다. 말하는 사람이 신나서 더 잘 이야기할 수 있도록 최대한 분위기를 띄워 줍니다. 그러면 다시 웃음이 터집니다. 복수를

벼르던 진 사람들 어깨에 힘이 쭉 빠지는 동시에 이긴 사람은 흥이 나죠. 시작을 외치면 이긴 사람은 신이 나서 더 열심히 말을 할 것이고, 2분이 이렇게 짧나 싶게 시간은 금방 흘러갈 것입니다. 역시 이긴 사람의 심정은 두 말할 나위 없이 즐겁겠지요.

(마) 느낌 이야기하기

여기까지 역할에 맞는 이야기를 나누고 나면 그 다음에는 서로 이야기를 할 때와 들을 때의 심정이 어땠는지 다시 이야기를 나눕니다. 상대방이 내 말을 경청할 때와 무시할 때, 말을 하고자 하는 내 마음의 상태가 어땠는지를 이야기합니다. 상대방의 말을 경청한다는 게 대화와 소통에서 얼마나 중요한지를 금방 몸으로 깨달을 수 있습니다.

'두 마음 토론'과 '원탁 토론'

그럼 여기서 듣기 훈련에 도움이 되는 토론 방법을 소개해 드리겠습니다.

모든 토론이 듣기를 잘 못 하면 집중과 몰입을 할 수 없지만, 그 가운데에서도 특히 '두 마음 토론'은 듣기가 매우 중요합니다. 왜냐하면 1대 1 토론으로 말하기와 듣기를 반복해야 하기 때문에 고도로 집중해서 잘 듣지 않으면 바로 상대방에 대한 반론을 하기가 쉽지 않기 때문입니다.

한쪽에서 30초 안팎으로 이야기를 하고, 가운데 판결자가 다른 쪽을 바라보면 상대방 토론자가 이견을 제시하면서 반박이나 질문을 하고, 다시 시간이 지난 뒤에는 그에 따른 반론이나 재반론이 이루어지는 두 마음 토론도 '짝 지어 경험 이야기하기' 만큼이나 듣기 훈련에 도움이 됩니다.

토론을 통해서 듣기 훈련을 하고자 한다면 '원탁 토론'도 매우 좋습니다. 원탁 토론은 토론자 전원이 한 번씩 돌아가면서 말을 하고, 말하는 내용을 차분히 적었다가 자기와 다른 의견을 가진 토론자에게 반론과 질문을 하는 방식으로 진행합니다. 긴박한 순발력을 요구하는 찬반 대립 토론과 달리 한 박자 쉬면서 느긋하게 다른 토론자들의 의견을 경청하고 정리할 여유가 있는 거죠. 상대방을 몰아붙이듯이 급박하게 진행하는 토론에서도 잘 듣고 반론을 해야 하지만, 여유가 없기 때문에 깊이 듣기가 어렵습니다. 하지만 원탁 토론은 차이와 다름을 존중하는 마음으로 자신의 의견과 다른 근거, 논점들을 충분히 읽어 내고 정리할 여유가 있으므로, 더 수용적이고 능동적인 자세로 듣기에 임할 수 있습니다.

듣기의 힘과 침묵의 의미

앞서 성인의 의미를 말할 때 언급했지만, 잘 듣는다는 것은 귀에 들리는 소리만을 듣는 것을 의미하지 않습니다. 어린 아기들이 몸으로 표현하는 '베이비 사인'은 '소리 없는 언어'입니다. 배가 고픈지, 잠이 오는지, 어디가 아픈지, 고양이랑 놀고 싶은지 아기들은 말할 수 없어도 손과 발의 동작으로 자기 의사를 표현합니다. 그걸 잘 듣고 읽어 내는 건 우리의 몫이고, 그러기 위해서는 사랑의 마음으로 자세히 관찰하고 반응할 줄 알아야겠지요.

그런 의미에서 보면 참된 경청은 소리뿐만 아니라 소리 너머, 즉 침묵의 의미를 깨닫는 데 있지 않을까 싶기도 합니다. 사실 언어의 뿌리는 침묵입니다. 마치 빛이 어둠 속에서 태어나듯 언어는 침묵 속에서 태어나고 다시 침묵으로 돌아가지요. 말하기의 어머니가 듣기라면 말의 어머니는 침묵이 아닐까요?

그런 침묵의 의미 속에서 언어와 토론과 경청의 의미를 깨닫게 하는 시 한 편을 소개하면서 '토론과 경청' 공부를 마칠까 합니다. 기형도의 시 가운데 침묵과 듣기를 절묘하게 연결시킨 「소리의 뼈」라는 시입니다.

김 교수님이 새로운 학설을 발표했다
소리에도 뼈가 있다는 것이다
모두 그 말을 웃어넘겼다, 몇몇 학자들은
잠시 즐거운 시간을 제공한 김 교수의 유머에 감사했다
학장의 강력한 경고에도 불구하고
교수님은 일 학기 강의를 개설했다
호기심 많은 학생들이 장난 삼아 신청했다
한 학기 내내 그는
모든 수업 시간마다 침묵하는

무서운 고집을 보여 주었다

참지 못한 학생들이, 소리의 뼈란 무엇일까

각자 일가견을 피력했다

이군은 그것이 침묵일 거라고 말했다

박군은 그것을 숨은 의미라 보았다

또 누군가는 그것의 개념은 중요하지 않다고 했다

모든 고정관념에 대한 비판에 접근하기 위하여 채택된

방법론적 비유라는 것이었다

그의 견해는 너무 난해하여 곧 묵살되었다

그러나 어쨌든

그 니은 하기부터 우리들의 귀는

모든 소리들을 훨씬 더 잘 듣게 되었다

　　　　　　　　　　　　　　　　　　　　　– 기형도, 「소리의 뼈」

　침묵과 경청, 세상과 깊이 소통해 나가는 지름길이자 삶의 지혜가
아닐까 합니다.

7

진리는 물음 속에

– 토론과 질문

한 상궁 | 마실 물을 떠 오너라!

장금 | …….

한 상궁 | 마실 물을 떠 와!

장금 | 예에!

(장금 나간다. 장금, 얼른 들어와 한 켠에 있는 물 항아리에서 물을 떠 간다.)

한 상궁 | (물은 거들떠보지도 않고) 다시 떠 오너라.

장금 | …….

한 상궁 | 꼭 말을 두 번씩 해야 하느냐?

(다시 떠 오는 장금)

한 상궁 | (역시 물을 마시지도 않고) 내일 아침에 일어나면 다시 떠 오너라.

장금 | …….

〈중략〉

장금 | 어찌하여 물을 자꾸 떠 오시라 하십니까. 따뜻한 물도 안 되고, 찬물을 떠 와도 안 되고, 버들잎을 띄워 와도 다시 떠 오라고만 하시니…….

한 상궁 | 어찌하여 흙비를 끓였더냐?

장금 | 어머니께서 그리하시는 걸 보았기에…….

한 상궁 | 어머니는 왜 그리 하셨느냐?

장금 | 혹 제가 어디 아플까 염려하시어…….

한 상궁   (회심의 미소를 지으며) ·······.

장금   (무언가 깨달은 듯) 아!

한 상궁   물을 떠 오겠느냐?

장금   혹 아랫배가 아프시지는 않으신지요?

한 상궁   아니다.

장금   혹 오늘 변을 보셨는지요?

한 상궁   보았다.

장금   혹 목이 아프시지는 않으신지요?

한 상궁   원래 목이 자주 아프구나.

장금   (물을 떠 오며) 따뜻한 물에 소금을 조금 넣었습니다. 한 번에 들이키지 마시고 차처럼 천천히 드셔요.

한 상궁   그래, 고맙다. 어머니께서 물 한 사발을 주시면서도 그리 많은 것을 물어보시더냐?

장금   예. 아랫배는 차지 않은지, 목은 아프지 않은지, 꼬치꼬치 물으시고는 찬물을 주시기도 하시고, 따뜻한 물을 주시기도 하시고, 단물을 주시기도 하셨습니다.

한 상궁   그래, 꼬치꼬치 묻는 것, 그게 내가 너에게 물을 떠 오라 한 뜻이다. 음식을 하기 전, 먹을 사람의 몸의 상태와 좋아하는 것, 싫어하는 것, 받는 것과 받지 않는 것, 그 모든 것을 생각하며 음식을 짓는 마음 그게 요리임을 이야기하고 싶었다.

– 엠비시(MBC) 드라마, 「대장금」 4부에서

우리는 언제 질문을 하는가?

예수나 공자, 석가모니 같은 위대한 성인들은 질문을 잘하는 분들이었습니다. 그 분들의 공통된 특징은 잘 듣는다는 점과 잘 묻는다는 점입니다. 자연과 신의 음성, 시대의 음성을 잘 들을 뿐만 아니라, 많은 사람들에게 참다운 삶의 의미가 무엇인지를 끝없이 물은 분들이었습니다. 특히 소크라테스는 '산파술'이라는 말로 유명할 만큼 질문을 통해서 새로운 생각을 이끌어 내는 질문의 달인이기도 했습니다.

산파술 | 고대 그리스의 철학자 소크라테스가 사용한 진리 탐구의 방법. 소크라테스는 끊임없이 질문을 하고 답을 듣는 문답법을 통해 상대방이 스스로 무지를 깨닫고 진리를 터득케 했다. 산파가 직접 아이를 낳지 않지만 낳는 것을 도와주는 것처럼, 대화의 상대방을 가르치는 것이 아니라 자각시키는 것이라는 점 때문에 '산파술(産婆術)'이라고 한다.

토론은 누군가를 설득하기 위해 자기주장을 하는 것이므로, 토론을 하는 중간에는 상대방에게 질문을 할 수 없을까요? 아닙니다. 토론은 질문을 통해서 내용을 정돈하고 생각을 심화시킵니다. 형식적으로도 '교차 질문 토론'이나 '의회식 토론'의 경우 상대방의 발언 내용에 대한 질문을 하고, '이야기식 토론'의 경우 사회자의 발문이 토론의 핵심 과정이 됩니다.

앞 대화글에서 한 상궁이 장금이한테 물을 떠 오라고 한 근본 목적은 무엇일까요? 한 상궁은 장금이가 궁에 들어온 목적이 무엇인지 궁금했습니다. 한 상궁은 최고의 상궁이 되고 싶다는 장금이의 말에 장금이의 근기(根氣)를 확인하려 했습니다. 물을 계속 다시 떠 오라고 시킨 이유는 상대방이 필요로 하는 물이 무엇인지 질문할 만큼 상대방을 배려하는 마음 자세가 되어 있는가를 확인하려는 것이었습니다. 질문하는 사람은 호기심이 있는 사람일 뿐만 아니라, 나아가 상대방에 대한 관심과 애정이 있는 사람이기 때문입니다.

대화 글의 내용을 좀 더 차근차근 살펴볼까요? 스승(한 상궁)과 제자(장금)는 서로에 대해 잘 모르는 상태에서 만납니다. 어린 장금이가 최고 상궁의 자리를 꿈꾸는 것은 단순히 높은 자리에 대한 욕망 때문은 아니었습니다. 하지만 아직 제자의 근기(根氣)를 모르는 스승은 제자를 시험하고 싶어지지요.

"물을 떠 오너라," 하고 장금이에게 던지는 스승의 명령에는 장금이가 진정 공부하는 자, 질문하는 자, 상대에 대한 애정을 지닌 자인가를 확인하고자 하는 마음이 들어 있습니다.

하지만 스승의 의도를 깨닫지 못한 장금은 다양한 방법으로 물을 떠다 바치지만, 어느 방법도 스승이 원하는 답은 아니었습니다. 스승은 장금에게서 상대방에 대한 배려와 그 배려의 마음을 바탕으로 질문하는 능력을 갖추고 있는가를 확인하고 싶었던 것이지요.

처음에 그 뜻을 파악하지 못한 장금이는 어리둥절해 하지만, 흙비가 내렸을 때 물을 끓여서 주셨던 어머니의 사랑을 기억하고는, 한 상궁에게 질문을 던지기 시작합니다. 몸이 어떠신지, 불편함이 없는지, 상대방에게 가장 필요한 물은 무엇인지를 아는 것이 중요하다는 것을 깨달은 겁니다.

우리는 언제 질문을 할까요? 궁금할 때, 호기심이 생겼을 때, 혼란스러울 때 질문을 합니다. 누구나 머릿속에서는 질문이 떠오르지만 그 질문을 세상을 향해 던지고 직접 몸으로 답을 찾아가는 사람은 흔치 않습니다. 우리는 그런 사람을 성인이라 합니다. 누군가에게 질문을 던진다는 것은 그 질문의 대상 혹은 주인공을 사랑한다는 말입니다.

질문의 힘

먼저 『소크라테스 카페』(김영사, 2001)라는 책에 나오는 소크라테스의 명언을 하나 들려드리지요.

> 답을 찾을 수 없다면 질문이 틀렸기 때문이다.
> 삶이 공허하다면 철학이 없기 때문이다.
> 나는 지금 무엇을 하고 있는가.
> 나는 누구를, 그리고 무엇을 원하는가.
> 나는 왜 다른 길을 찾아가지 않는가.
> 영혼은 항상 진리에 목마르지만, 삶을 이해할 철학적 대화의 기회는 없다.
> 삶은 독파하는 것이 아니라 음미하는 것이다.
> 음미되지 않는 인생은 살 가치가 없다.

너무 거창한가요? 여러분은 '질문' 하면 가장 먼저 누가 떠오르나요? "너 자신을 알라."라고 외쳤다는 산파술의 대가 소크라테스인가요? "죽느냐 사느냐 그것이 문제로다."라는 심각한 질문을 던진 햄릿인가요?

『논어』의 주인공 공자도 숱한 질문과 대답 속에서 제자들과 진리를 모색해 갔고, 숱한 고난과 시험 속에서 인류에 대한 사랑을 실천했던 예수 역시 우리 인간들에게 많은 질문을 던짐으로써 질문의 대가로서의 면모를 보여 주었습니다. 그리고 보면 인류 역사를 움직인 힘은 질문에서 나왔는지도 모릅니다. 질문이야말로 새로움의 힘이고 상상력의 원천이며 창조성의 어머니이기 때문입니다.

그렇다면 우리나라 사람 가운데 질문 역량 1위는 누구일까요? 아침마다 엠비시(MBC) 라디오 「시선집중」이란 프로그램에서 청취자의 가려운 등을 긁어 주는 손석희 씨가 아닐까요? 손석희 씨는 2005년부터 2010년까지 6년 동안 『시사저널』조사 결과에서 가장 영향력 있는 언론인 1위로 뽑혔습니다. 손석희 씨는 성균관대에서 열린 한 강연에서 누군가 이 결과에 대한 소감을 묻자, "영향력 있는 언론인은 권위적인 냄새가 나서 싫습니다."라고 하면서 "제가 한 것은 질문밖에 없습니다. 오히려 신뢰받는 언론인이라는 말을 듣고 싶습니다."라고 소감을 밝혔습니다.

한 것은 질문밖에 없는데, 우리나라에서 가장 영향력이 큰 언론인이 됐다? 이것은 그만큼 질문이 던져다 주는 힘이 크다는 것을 반증한다고 생각합니다.

미국의 커뮤니케이션 컨설턴트인 도로시 리즈(Dorothy Leeds)는 『질문의 7가지 힘』(더난출판사, 2002)이라는 책에서 질문의 힘을 다음과 같이 정리했습니다. 이에 따르면 질문은 모든 학문과 생활의 기본적인 태도에 가장 직접적이고 강력한 영향을 미친다고 합니다. 질문의 힘에는 어떤 것들이 있는지 살펴볼까요?

❶ 질문을 하면 답이 나온다.
❷ 질문은 생각을 자극한다.
❸ 질문을 하면 정보를 얻는다.
❹ 질문을 하면 통제가 된다.
❺ 질문은 마음을 열게 한다.
❻ 질문은 귀를 기울이게 한다.
❼ 질문에 답하면 스스로 설득이 된다.

좀 공감이 가시나요? 여러분들이 이 토론 책을 읽는 동기를 생각해보면 어떨까요? 만약 선생님이라면, 내 수업이 좀 달라졌으면 좋겠는데 내 수업을 토론과 어떻게 연결할 수 있을까, 어디에서 누구의 토론 강의를 들으면 내 수업의 패러다임이 바뀔까, 또한 학생이라면, 어떻게 하면 토론을 잘할 수 있을까, 적절한 토론 책이 어디 없을까 하는 질문들이 지금 이 책을 읽는 자리까지 오게 했을 텐데요, 정답은 아니지만 그런 질문들이 답을 찾게 만들지는 않았는지요. 그리고 이어지는 질문들이 생각을 자극하고 정보를 찾게 만들어 주었겠지요.

질문의 종류와 발문법

미국의 비판적 사고 전문가인 리처드 폴과 린다 엘더는 소크라테스식 질문을 다음과 같이 정리했습니다. 두 사람은 『비판적 사고』라는 책 속에 다양한 발문법을 소개하였는데, 다음은 이들이 소크라테스의 제자였던 플라톤의 『대화편』에서 질문을 뽑아 분류한 것들입니다.

(가) 명료화를 위한 질문(출처, 사실 여부를 묻는다.)

❶ ~라고 말한 것은 무슨 뜻인가요?

❷ ~께서는 지금 ~라고 말하고 있는 거죠?

❸ ~라는 용어를 어떤 의미로 사용하고 있는 건가요?

❹ ~에 대한 예를 들어 주세요.

❺ 누구 다른 사람이 A를 위한 예를 들어 줄 수 있겠어요?

(나) 문제를 탐색하는 질문(논리적 추론의 전제 부분을 확인한다.)

❶ 그는 지금 어떤 가정을 하고 있을까요?

❷ 당신은 그런 가정을 확실하다고 보장할 수 있나요?

❸ 왜 그 사람은 그런 가정을 하고 있을까요?

❹ 그 질문에는 숨겨진 전제들이 있지 않을까요?

(다) 근거를 탐색하는 질문(전제에 따른 주장의 근거를 묻는다.)

❶ 당신의 주장을 뒷받침하는 적절한 사례(또는 반례)를 들어들 수 있겠죠?

❷ 그렇게 말할 수 있는 근거가 무엇이죠?

❸ 당신은 저 사람의 근거에 동의하나요?

❹ 지금 제시된 근거는 충분한가요?

❺ 어떤 기준에서 그렇게 주장하고 있나요?

⑥ 그 자료들이 신뢰할 만한 증거가 되나요?

(라) 견해와 관점에 대한 질문(주장에 대한 다양한 관점의 근원을 묻
   는다.)
   ❶ 이 주제에 관해 다른 식으로 생각해 볼 수 있을까요?
   ❷ 당신의 견해가 다른 상황에서는 적용되지 않을 수도 있겠지요?
   ❸ A와 B의 생각은 어떻게 다른 거죠?
   ❹ 당신의 주장에 동의하지 않는 사람들은 당신한테 뭐라고 말할
      까요?
   ❺ 누군가가 당신한테 이런 주장을 한다면 뭐라고 대답할 건가요?
   ❻ 그 사람들의 입장에서 이 주제를 접근해 볼 수 있겠죠?

(마) 함축과 결론을 탐색하는 질문(주장의 결론과 그 영향에 대해서
   묻는다.)
   ❶ 당신이 말한 것들에서 어떤 결론을 이끌어 낼 수 있나요?
   ❷ A를 비윤리적인 것이라 할 수 있다면, B에 대해서는 어떻게 생
      각하나요?
   ❸ 그런 행동의 결과는 어떤 식으로 일어날까요?
   ❹ A와 같은 결론에 도달한다면 받아들일 수 있겠어요?
   ❺ 이 상황에서는 그런 결론이 논리적 비약이라고 할 수 있을까요?

(바) 질문에 대한 질문(질문에 대한 성찰적 관점에서 그 의미를 재확
   인한다.)

❶ 그것이 적절한 질문이라고 생각하세요?

❷ 그 질문이 이 문제와 어떤 관계가 있나요?

❸ 이 질문의 전제가 무엇일까요?

❹ 이 주제에 대해 또 다른 측면에서 다루어 볼 수 있는 질문을 만들어 보세요.

❺ 그 질문은 우리에게 어떤 도움을 줄 수 있을까요?

❻ 우리는 지금 문제를 해결하고 답을 찾아가는 데 가까워지고 있는 건가요?

이밖에도 소크라테스식 질문을 효과적으로 활용하기 위해서는 다음과 같은 사항들을 고려해야 한다고 말합니다.

- 다른 사람의 말을 주의 깊고 진지하게 들을 것
- 이유와 증거에 주목할 것
- 예와 반례 및 유추 관계에 있는 것을 찾을 것
- 어떤 사람이 아는 것과 단지 추측하고 있는 것을 구분하려고 할 것
- 모순과 모호성에 유의할 것
- 사물의 이면을 볼 것
- 건전한 회의성을 가질 것
- 다른 사람의 관점을 공감적으로 이해하려고 노력할 것

학생들은 학교에서 정답을 찾는 교육에 익숙하다 보니 질문을 하라고 하면 매우 막막해합니다. 하지만 선생님들이 질문의 방식과 종

류를 구체적으로 제시하고 그에 따른 질문을 만들어 보라고 하면, 학생들의 사고 활동이 활성화되면서 다양한 질문들이 쏟아질 것입니다.

자, 지금까지의 읽은 이 책의 내용에 대해서 여러분들은 질문을 던져 보셨는지요? 너무 막연한 질문이지요? 여러분들 스스로 앞서 나온 질문의 종류에 따라 질문을 던져 보시는 것은 어떨까요? 이렇게 말이지요.

❶ 이 책은 주제별로 명료한 내용들을 전달하고 있습니까?

❷ 이 책의 저자는 어떤 전제 하에서 이 책을 기획하고 저술한 걸까요?

❸ 토론에 대한 이해를 높여준다고 했는데, 그 근거를 제시할 수 있나요? 혹 다른 사례에서 그걸 보여 주실 수 있는지요?

이처럼 구체적인 분야별 질문을 익히다 보면 어느 날 스스로가 질문하는 사람이 되어 있는 모습을 발견하실 수 있을 것입니다.

「성균관 스캔들」의 명대사

장안의 화제가 되었던 드라마 「성균관 스캔들」을 기억하시나요? 일명 '성스'로 불리며 사람들을 텔레비전 앞으로 불러 모았지요. '성스'에는 질문에 대한 아주 인상적인 수업 장면이 등장합니다.

성스에 등장하는 스승과 제자는 모두 세상에서 보기 드문 괴짜들입니다. 수업 종이 울리자 교사인 정약용이 요강 단지를 들고 교실에 가려합니다. 옆에 있던 동료 교사가 의아해하며 묻습니다. 아니, 수업 종이 쳤는데 교안은 어디 가고 요강 단지만 들고 가냐는 거죠. 씩 웃는 정약용, 요강 단지를 살짝 들어 보이며 "제 교안입니다."라고 말합니다.

교실 풍경은 한 술 더 뜹니다. 대부분의 유생들은 새로운 선생님의 첫 번째 수업을 흥미롭게 기다립니다. 그 가운데는 느지막하게 등장한 문재신이라는 학생이 있는데, 이 학생은 모처럼 수업에 참여해서도 거의 바닥에 누워서 낮잠을 청하는 분위기입니다.

정약용이 들어오고 일시를 미치자마자 맨 먼저 나온 질문이라는 것이 느닷없는 '성적 처리'입니다. 친구가 옆구리를 쿡 찌르면서 첫 날부터 무슨 성적이냐고 핀잔을 주자 오히려 정약용이 나섭니다. "맞는 말이다. 내 수업 시간에 불통이 다섯이면 낙제, 수업이든 활동이든 성균관에서 낙제가 셋이면 출재(黜齋)와 동시에 청금록 영삭(靑衿錄 永削)인 건 알고들 있을 테고……. 그래서 준비했다." 그러면서 교안으로 들고 간 요강 단지를 내밀고는 뇌물을 요구합니다.

의아해하면서도 그게 성적의 기준이 된다는 데 긴장한 학생들은 금반지를 비롯하여 자기가 가진 돈을 단지 안에 넣습니다. 그 가운데는 이선준이라는 의개가 높은 학생도 있지요. 그 학생은 요강 따위는 쳐다보지도 않고 선생의 행동에 문제제기를 할 기회를 엿봅니다.

정약용은 돈을 걷은 뒤에는 요강 단지 안에서 색색의 천을 꺼내고, 불꽃을 일으키고, 심지어는 사과를 꺼내 유생들에게 던져 주기도 합니다. 신기하고 흥미로운 광경에 신이 난 유생들이 철모르고 즐거워하는데, 마술거리가 떨어진 정약용이 다음 프로그램을 슬쩍 눈여겨보려는 순간, 드디어 이선준 유생의 문제제기가 시작됩니다.

"그만 두십시오. 지금은 논어재 시간입니다."
"이런, 못난 스승이긴 하나 나도 그 정도는 알고 있네."
"헌데 어찌 서역의 잡기로만 귀한 상유들의 시간을 탕진하십니까?"

당황한 기색 없이 정약용은 재미가 없냐고 묻습니다. 엉거주춤 재미있다고 대답하는 유생들. 그러나 거듭되는 이선준의 문제제기에 정약용은 진지한 표정을 짓고는 준비해 온 대답을 보여 줍니다.

먼저 요강 단지를 들고 자리에서 벌떡 일어나서는 요강을 놓아 산산이 깨뜨립니다. 물론 그 안에 있던 금반지며 돈들은 어디론가 사라졌지요. 돈타령을 하는 유생들의 목소리가 들리는 가운데 정약용의 일갈이 허공을 가릅니다.

『논어』 「위정」편, '군자불기(君子不器)'에 대해 강(講)했네. 군자는 한정된 그릇이 아니라, 진리를 탐하는 군자라면 갇혀 있는 그릇처럼 편견에 치우쳐서는 안 된다 강(講)했네. 서역의 잡기에서는 배울 것이 없다는 건 무슨 고약한 편견이며 정약용이란 놈이 서학을 좀 했다 해서 고전을 싫어할 거라는 무지몽매함은…… 참 용감하기도 하군.
『논어』 「학이」편, '학즉불고(學則不固)'에 대해서 강(講)했네. 지식이 협소한 사람은 자칫 자신의 좁은 생각에 사로잡혀 완고한 사람이 되기 쉬우니 학문을 갈고 닦아 유연한 머리로 진리를 배우라 강(講)했네. 왜? 너희는 더 이상 사부학당의 신동도, 사랑채 책벌레도 아닌 국록을 받는 성균관 유생들이다. 백성의 고혈로 얻어 낸 학문의 기회다. 부지런히 배워서 갚으라. 이 또한 백성들의 더 나은 내일, 새로

운 조선을 꿈꾸는 건 제군들의 의무다. 우리 제발 밥값들은 좀 하면서 살자.

서슬 퍼런 정약용의 말에 잠을 청하던 문재신마저 눈을 비비고 일어납니다. 그리고 이어지는 성적 발표. 두말 할 것 없이 대부분 학생들은 불통(不通)입니다. 그러나 정약용의 수업에 대놓고 반대를 한 이선준만은 통을 받습니다. 이 결과를 놓고 당혹해하는 다른 유생들의 질문에 정약용은 이렇게 말합니다.

그래서다. 이 엉터리 수업에 불만을 제기한 유일한 학생이니까. 진리는 답이 아니라 질문에 있다. 내가 너희들에게 보여 준 세상은 사라지고 없다. 스승이란 이렇게 쓰잘데기 없는 존재들이다. 허나 스스로 묻는 자는 스스로 답을 얻게 되어 있다. 그것이 이선준이 통인 이유다.

멋지지요. 학생들에게 관념이 아닌 삶으로 지식을 전달하면서 교육의 참된 의미와 질문의 힘을 보여 준 정약용의 수업이 말입니다.

『상도』의 임상옥에게서 배우는 질문의 의미

최인호가 쓴 소설 『상도』(여백, 2009)에는 임상옥이라는 조선 후기 최고 거상이 나옵니다. 그 소설의 한 대목을 소개해 드리겠습니다. 이 대목은 당대의 세력가인 박종경 대감의 사랑방에서 벌어지는 이야기를 다루고 있는데, 사랑방에는 늘 박종경 대감에게 잘 보여서 출세를 하거나 뇌물을 바쳐 이권을 탐하려는 사람들로 가득했습니다. 본시 이런 곳에서는 무거운 정치 이야기는 금기라, 자주 수수께끼 놀이가 벌어지곤 했는데, 이날도 마찬가지였습니다. 손님 중 하나가 "열 놈은 잡아당기고 다섯 놈은 들어가는 게 무엇?" 하고 물으면 누군가가 "버선 신는 것." 하면서 대답하며 노는 것입니다.

하인을 시켜 임상옥을 자신의 사랑방으로 불러들인 박종경 대감은 웬일인지 임상옥한테 아는 체도 하지 않았고, 그렇게 시간은 흘러 땅거미가 내리기 시작할 무렵에야 박종경은 자리를 뜨면서 다음과 같은 문제를 손님들에게 내놓았습니다.

내가 요새 한양의 궁궐과 치안을 맡아 하고 있는 총융사의 벼슬을 하고 있는데 제일 궁금한 것이 하루에 숭례문으로 몇이나 출입하는지 그것을 모르겠소. 답답해서 대문을 지키는 군병들에게 그 숫자를 세어 보라고 하였더니 어떤 녀석은 하루에 대략 3천 명이 온다고 하고 어떤 녀석은 하루에 7천 명이 온다고 대답하는 것이었소. 대답하는 녀석들마다 숫자가 달라 통 종잡을 수가 없단 말이오. 그러니 그 정확한 숫자를 아는 사람이 있으면 내일까지 그 수를 알아 오시란 말이오.

그리고 나서 박종경은 "맞히는 사람에게는 내가 큰 상을 내리겠소이다."라고 말하고 사랑방을 나가버립니다. 그리고 다음 날 아침, 박종경 대감은 손님들에게 답을 묻고, 손님들은 다 꿀 먹은 벙어리가 된 것처럼 말이 없습니다. 그런데 이때, 임상옥이 나섭니다.

"대감 어른, 소인이 한번 대답하여 보겠나이다."
"허어, 자네가 대답하여 말하겠단 말이지. 자네가 숭례문을 드나드는 사람의 숫자를 알아맞힐 수 있단 말이지."
"소인 아는 대로 대답하여 올리겠나이다."
"그러한가. 그럼 대답하여 보시게나. 하루에 숭례문을 드나드는 사람의 숫자가 몇이나 될 것인고."
"두 사람뿐이나이다."
"그렇다면 자네는 두 사람의 성씨를 알 수 있겠는가."
"알 수 있습니다."
"그렇다면 묻겠네. 하루에 숭례문을 드나드는 그 두 사람의 성씨가 무엇인지 한번 대답해 보시게나."
"한 사람의 성씨는 이가입니다만 나머지 한 사람의 성씨는 해가로 알려져 있나이다."
"그 두 사람의 성씨 중 한 사람이 이씨라는 것은 그럴듯하네만 나머지 한 사람의 성씨가 해씨라는 것은 믿을 수 없네. 해씨라는 성이 과연 있기나 한가."
"소인이 말씀드리는 성은 그런 이가와 그런 해가를 말씀드리는 것은 아닙니다."

"그러하면."

"소인이 글씨를 써서 말씀드리겠나이다."

그 말을 남긴 후 먹을 듬뿍 묻히고 붓을 세워 쓴 두 글자는 '이(利)'와 '해(害)'였습니다.

그 이유를 말하자면 3천 명이건 7천 명이건, 때로는 만 명을 넘건, 그 많은 사람들 가운데 한 사람은 대감에게 이로운 사람이거나 혹은 해로운 사람일 거라는 뜻입니다. 임상옥의 재치 있는 말은 명리를 좇아 벼슬을 얻으려는 사람이나 이권을 좇아 돈을 벌려는 사람들의 속마음을 뜨끔하게 만들었지요. 동시에 자신은 그렇게 함부로 이(利)를 좇는 사람이 아니며, 대감에게 오히려 이득을 줄 수 있는 사람이라는 고차원의 암시를 던진 말입니다. 그리고 나서 임상옥은 나중에 대감과 독대하는 영광을 안고 인삼 교역권을 딸 수 있도록 허락을 받습니다.

대감의 질문에는 정답은 따로 없었습니다. 그러나 임상옥은 자기 신념과 철학을 바탕으로 의미 있는 대답을 만들어 내고 보답을 받았지요. 그 바탕에는 그가 장사하는 사람으로서의 도리와 신념이 있었음은 두말 할 것도 없습니다.

다시, 질문의 힘!

지금 이 책을 읽는 분들은 모두 몇 분이나 될까요? 혹 두 분 아니면 세 분이라면 그 분들의 성은 무엇일까요? 설마 임상옥처럼 이씨나 해씨라고 대답하시지는 않겠지요. 임상옥은 조선 후기 최고의 갑부로 이윤을 추구하는 상인이었지만, 우리는 그렇지 않으니까요.

토론을 사랑하는 사람으로, 공부하는 사람들을 둘로 나눈다면 그 성씨가 어떻게 될까요? 질문이 좀 어렵나요? 저는 '예씨'와 '왜씨' 이렇게 둘로 나누고 싶습니다. '예!' 하면서 고개를 끄떡끄떡 하는 사람과, '왜 그렇지?' 하면서 고개를 갸웃하고 '정말 그런가?' 하고 질문을 던질 줄 아는 사람.

근대 계몽주의의 영향으로 학교 교육이 진행되던 시대, 제가 학교를 다녔던 70 90년대까지는 '예씨'들이 공부도 잘하고 성적도 좋고, 선생님들한테도 칭찬을 받았지요. 아마 대학도 잘 갔을 겁니다. 하지만 단순한 계몽과 지식에 따른 정답 찾기 공부는 더 이상 시대의 흐름을 따라갈 수 없습니다. '왜!' 라고 하는 문제제기를 통해서 한 단계 더 나아가는 사고가 중요하고 토론이 바로 그런 사고 능력을 목표로 하고 훈련하는 과정입니다.

일찍이 브라질의 유명한 교육학자 파울루 프레이리(1921~1997)는 그런 교육을 '문제제기식 교육' 이라고 했습니다. 단순히 지식을 암기하는 '은행 저축식 교육'과 대조하면서 '문제제기식 교육'의 가치와 힘을 강조한 바 있습니다.

질문! 단순해 보이지만 인류를 움직이고 변화시켜 온 하나의 힘, 그것을 말하라고 하면 저는 바로 '질문의 힘'이라고 하겠습니다. 물음 속에 길이 있으니, 토론은 그 끝없는 물음의 자세와 방법을 배우는 공부가 되어야 할 것입니다.

8

젊어서 실패는 근육이 된다

– 토론과 피드백

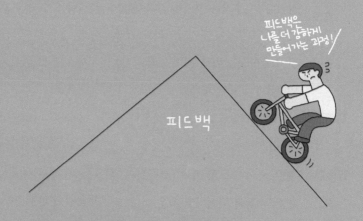

피드백은
나를 더 강하게
만들어가는 과정!

피드백

민아 엉엉, 으엉으허어엉!

선생님 (깜짝 놀라며) 아니 왜 그렇게 슬피 울고 있니?

민아 금방 토론 대회 결승 진출팀 발표가 나왔는데, 우리가 떨어졌어요.

선생님 그래. 안됐구나. 좀 슬픈 일이기는 하지만 그렇게까지 대성통곡을 할 이유는 없잖니. 너는 지금 일 학년이고 내년에 더 열심히 준비해서 다시 도전하면 되잖아. 아직 앞날이 창창한데. 그리고 이미 본선까지 올라온 것만 해도 너희 실력은 인정받은 거야.

민아 그렇게 생각하면 눈물을 그쳐야 하는데, 저희는 아무리 생각해도 억울해요. 이번 토론은 저희가 질래야 질 수 없는, 누가 봐도 명백하게 우리가 이긴 토론이라고요.

선생님 심사 위원들이 토론의 전문가들이신데, 아무렴 심사 규정을 어기기라도 하셨겠니?

민아 저희도 그게 확실하지 않아서······. 만약 저희가 지고 상대팀이 이겼다면, 우리가 무엇이 부족했는지, 상대방의 뛰어난 점은 무엇이었는지 두세 가지만이라도 적절하게 잘 짚어 주면 이렇게까지 억울하지는 않을 거 같아요. 그냥 아무런 이유도 없이 우리의 패배를 선포하니 무조건 승복하기가 억울한 거죠.

선생님 아, 토론에 대한 피드백을 적절히 해 주지 않아서 너희들이 이렇게 슬퍼하는구나.

민아 네, 토론의 승패를 가릴 때는 심사 규정에 근거해서 누가 누구보다 어떤 점이 뛰어나고 혹은 어떤 점이 부족한지 말해 주셔야 하는 게 아닌가요?

선생님 그래, 네 말이 맞다. 내가 다음에는 토론 심사 결과를 발표하기 전에 적절한 심사평과 가능한 피드백을 같이 해 달라고 건의를 하마. 그러면 마음이 좀 풀리겠니?

민아 네, 이번 토론은 좀 억울하긴 하지만, 일단 결과에 대해서는 승복할게요. 선생님 말씀대로 다음 기회에 더 열심히 해서 좋은 결실을 맺으면 되니까요.

선생님 그래, 민아의 그런 자세가 이미 충분히 피드백을 받을 만한 자격이 있음을 보여 주는 것 같이 흐뭇하구나. 토론에서 순위를 나누는 게 그리 교육적이지는 못하지만 대회니까 어쩔 수 없지. 하지만 토론의 진정한 공부는 승패에서가 아니라 피드백에서 이루어진다는 걸 심사 위원들도 알았으면 좋으련만…….

토론의 승패

토론에서 승패를 가리는 일이 의미가 있을까요? 교육을 목적으로 하는 교실 토론에서는 반드시 승패를 가릴 필요는 없으며, 승패를 가릴 때에는 반드시 교사의 적절한 피드백이 뒤따라야 합니다. 그래야만 결과에도 온전히 승복하고 토론 과정에서 부족했던 점들을 깨닫고 새로운 걸 배울 수 있을 테니까요. 이번에는 토론과 피드백에 대해서 말을 해 보고자 합니다.

토론을 하다 보면 종종 말이 꼬이는 경우가 있습니다. 아, 그때의 당혹감이란……. 경험해 보지 않은 사람은 모를 것입니다. 갑자기 머릿속이 하얗게 되면서 내가 지금 무슨 이야기를 하고 있는지조차 모를 정도로 멍한 상태가 되지요. 입은 열었는데 목소리는 모기처럼 기어들어가고, 혀는 비비 꼬여 무슨 말인지조차 구별이 잘 안 되는 상태! 특히 모둠 토론이 아니라 공개적인 단상에 올라 대표 토론을 하다가 말이 막히는 경우에 그 당혹감이란 이루 말하기 어렵습니다. 그래도 대다수의 경우 적절한 순발력을 발휘해서 대충 얼버무려서라도 마치는 경우가 있는데, 워낙 순진한 탓에 끝까지 헤매다 내려와서 땅을 치는 학생들도 적지 않습니다.

이처럼 토론을 하다가 말이 막혀 적잖이 당황하는 친구들을 보다 보면 생각나는 영화 장면이 있습니다. 바로 알 파치노가 주연한 영화 「여인의 향기」(마틴 브레스트, 1992)에서 알 파치노와 한 여인이 탱고를 추는 장면입니다. 이 영화는 명문 고등학교를 다니는 가난한 고학생 찰리 심스(크리스 오도넬)와 퇴역 중령이자 장님인 프랭크 슬레드 (알 파치노) 사이의 우정을 그리고 있습니다.

「여인의 향기」에서 배우는 토론의 의미

가난한 고학생 찰리는 다른 부잣집 친구들이 추수감사절에 스키 여행을 갈 때, 홀로 남아 아르바이트를 해야 합니다. 그가 맡은 일은, 잎을 곳 보는 프랭크를 놀보는 빌입니나 아지븐 프랭그느 하루처루 자신의 인생과 힘든 싸움을 벌이던 중이었고, 자살 여행을 준비하고 있었습니다. 마찬가지로 친구들의 장난 때문에 곤란한 처지에 빠진 찰리는 친구에 대한 우정과 자신의 장래 사이에서 중요한 선택을 강

요받습니다. 중요한 선택의 기로에 서 함께 여행을 떠나게 된 찰리와 프랭크는 여러 사건과 우여곡절을 거치면서, 프랭크는 찰리의 끈질긴 애정으로 살아나고 찰리는 인생 선 배인 프랭크의 도움으로 어려움에 서 벗어나게 됩니다. 이 영화에서 가장 아름답고 멋진 장면은 프랭크 가 어느 식당에서 아름다운 여인과 탱고를 추는 장면입니다.

영화 「여인의 향기」

프랭크 | 합석해도 되겠어요? 대접이 소홀한 것 같아서요.

도나 | 전 누굴 기다리고 있어요.

프랭크 | 즉시 와요?

도나 | 몇 분 내로 올 거예요.

프랭크 | 몇 분이라……. 그 몇 분이 어떤 사람에게는 일생이죠. 지금 뭘 하고 계시죠?

도나 | 그를 기다리죠.

프랭크 | 함께 앉아서 기다려도 될까요? 바람둥이들이 모여들지 않게 말이에요.

도나 | 네, 앉으세요!

프랭크 | 고마워요. (코로 냄새를 맡으면서 찰리에게) 내가 공기 속에서 향기를 맡았댔지. 뭔지 내가 말할게. 오길비 시스터즈 비누야!

도나 | (탄성을 지르며) 놀랍군요! 오길비 시스터즈 비누 맞아요. 할머니께서 크리스마스 선물로 주셨어요.

프랭크 | 그 분 맘에 드네요. 그 분은 찰리도 좋아하시리라 믿어요.

찰리 | 이 분 말에 신경 쓰지 마세요.

프랭크 | 이름이 뭐죠?

도나 | 도나요.

프랭크 | 도나, 난 프랭크요. 이 친구는…….

도나 | 찰리.

프랭크 | 네가 좋은가 봐. …… 탱고 알아요?

도나 | 아뇨. 한때 배우고 싶었지만…….

프랭크 | 그래서요?

도나 | 마이클이 싫어했어요.

프랭크 | 마이클? 지금 기다리는 사람?

도나 | 마이클은 탱고가 우스꽝스럽대요.

프랭크 | 그러는 마이클이 우스꽝스럽지요.

찰리 | 그 말에 신경 쓰지 마세요. 이미 말씀드렸죠?

도나 | (즐겁게 소리 내어 웃는다.)

프랭크 | 웃음도 아름답군요.

도나 | 감사합니다.

프랭크 | 탱고를 배우고 싶지 않나요?

도나 | (당황스러운 표정으로) 지금이요?

프랭크 | 내가 가르쳐 드리죠. 무료로. 어때요?

도나 | 조금 걱정이 되네요.

프랭크 | 뭐가요?

도나 | 제가 실수를 할까 봐요.

프랭크 | 탱고는 실수할 게 없어요. 인생과는 달리 단순하죠. 탱고는 정말 멋진 거예요. 만일 실수를 하면 스텝이 엉키고, 그게 바로 탱고죠. 한번 해 봅시다.

도나 | ……

프랭크 | 출까요?

도나 | 좋아요! 한번 해 보죠.

　　그리고 이어지는 두 사람의 춤. 낭만적인 탱고 선율에 몸을 맡기고 두 사람은 마치 오래된 연인인 듯 아름답게 춤을 춥니다. 간간히 탄성을 지르며 프랭크에게 리드를 맡긴 도나는 행복하고 황홀한 표정으로 춤을 추지요. 춤을 마친 도나는 신기하다는 표정으로 프랭크에게 감사의 말을 전합니다.

　　앞이 보이지 않으면서도 훌륭하게 도나를 리드하는 프랭크의 힘. 실수를 두려워하지 않는 그가 "스텝이 엉키면, 그게 바로 탱고죠."라고 자연스럽게 말할 수 있는 내공은 어디서 나오는 것일까요? 그건 바로 싸움을 진지하고 아프게만 받아들이지 않고, 패배와 좌절의 과정을 통해서 더 큰 것을 배웠기 때문일 것입니다. 스텝이 엉켜도 그 엉킨 스텝을 내 삶의 일부로 받아들이는 지혜와 용기를 말입니다.

토론은 싸움이라고 했습니다. 하지만 토론은 이기기 위한 싸움이 아닙니다. 바로 지기 위한 싸움이고, 지면서 배우는 싸움이고, 어쩌면 져야만 비로소 그 의미를 터득할 수 있는 싸움이지요.

이형기의 시 「낙화(落花)」였던가요? 사랑의 실패라는 쓰디 쓴 이별이야말로 더 깊은 사랑과 영혼의 성숙을 가져 온다 가르쳤던 시가……. 그리고 보면 사랑의 실패인 이별에서 더 깊은 사랑의 의미를 배우듯이, 토론은 패배를 통해서 부족한 자신을 성찰하고 새로운 걸 배워나가는 성장통의 아름다운 보고(寶庫)일지도 모릅니다.

진정한 성장을 위한 고통, 피드백

토론을 통한 성장은 언제 이루어질까요? 논제가 제시되고 자료를 찾아 개요서를 작성하고, 개요서를 바탕으로 입론서를 쓰는 순간, 토론의 공부는 시작된 겁니다. 상대방을 만나 열띤 토론을 벌이고 돌아서는 순간, 풀리는 긴장과 한숨……. 아, 나는 왜 고작 이 정도일까? 아까 그 순간에 왜 이 말을 하지 못했을까? 돌아보면 아쉬움이 남지 않는 토론이 어디 있겠어요. 하지만, 그래야 우리는 성장합니다. 토론의 모든 과정이 성장을 위한 지난한 과정이라고 할 수 있지만, 진정 토론을 통해 성장하기 위해서는 냉정하고 고통스런 평가가 뒤따라야 합니다. 이른바 '피드백'이지요.

2010년 제3회 서울 고등학생 토론 대회의 열기는 잔잔하면서도 뜨거웠습니다. 학교 차원에서 공지를 하고 체계적인 과정을 통해 대표를 선발해야 해서인지, 교내 토론 대회를 개최하는 곳이 획기적으로 늘어났습니다. 이 대회는 지구별로 두 팀이 본선에 올라가는 방식이라 많은 학생들이 본선 진출의 희망을 가질 수 있다는 점이 좋았습니다. 무엇보다 예선에서 원고 심사로만 네 팀을 뽑지 않고, 원탁 토론을 통해 모든 학생들이 한 번씩이나마 토론을 해 보고 그 가운데 우수 팀을 뽑는 방식도 환영할 만했습니다.

제가 근무하는 학교의 학생들은 교내 토론 대회 최종 토론 일정이 원1 마감일이 겹쳐 시구 대회에조사 서류를 내지 못했습니다. 교내 토론 대회 논제는 '공자 사상의 현대적 의미로 덕치와 법치 사상의 의의'였는데, 서울시 토론 대회의 논제는 '심야 게임 전면 금지'였기 때문에 두 주제가 너무 거리가 멀어 학생들이 동시에 다루기가 무척 힘들었기 때문입니다. 대부분의 학교는 서울시 토론 대회 일정과 주제 발표를 기다려 교내 대회를 열었지만, 우리 학교의 경우 독자적인 전통을 지닌 원탁 토론 대회를 지난 5년간 운영해 왔기 때문에 둘 다 준비하기가 힘들었습니다. 우리 학교로서는 다음을 기약하면서 서울 대회와의 일정 및 주제를 조율하는 문제를 숙제로 남겨 놓은 셈이지요.

토론을 지도하는 교사로 알려져서인지 지인을 통해 토론 지도를 해 달라는 요청을 받았습니다. 토론은 나의 길이고 운명이라 생각하고 사는 까닭에 달리 거절할 이유가 없었지요. 같이 활동하던 선생님들 학교도 대부분 지구 대회에 출전하기 때문에, 연락이 닿은 몇몇 학교 선생님들이 데려온 학생들과 자리를 함께해서 연습을 시켜 보았습니다. 토론 동아리 활동을 하는 터라 어느 정도 기본 실력을 갖춘 학생들도 적지 않았고, 이번 토론 대회가 처음인 학생들도 있었지만, 학생들의 토론 실력은 말 그대로 오뉴월 하루 햇볕이 다르듯 빠르게 성장했습니다.

토론은 그 자체도 중요하지만, 학생들의 성장을 위해서도 매우 중요합니다. 학생들은 자신의 부족함을 지적받는 과정에서 변화하고 성장하게 되는 것이지요. 그런 의미에서 피드백은 개요서와 입론서 준비 혹은 실제 토론 진행만큼이나 중요한 과정이 아닐까 싶습니다.

먼저 학생 여섯 명의 토론 현장 및 피드백 장면을 보여 드리겠습니다.

불꽃 튀는 원탁 토론 현장

방식은 원탁 토론으로 제가 사회를 보고 토론을 진행했습니다. 처음 만난 친구들은 어색한 듯 낯을 가리면서도, 서로에 대한 탐색과 자신의 발언 내용 정리에 여념이 없었습니다.

토론을 시작하려는데, 기침을 연신 해 대던 학생 하나가 자기는 목이 너무 아프니 좀 쉬어도 좋겠냐고 묻더군요. '그럼, 토론보다 몸이 중한데, 힘들면 쉬어야지.' 토론이 체력전이라는 건 해 본 사람만이 압니다. 중요 대회에서도 처음 한 게임은 그럭저럭 하지만 두 게임 이상 하려면 진이 빠진다는 말이 몸으로 뼈저리게 다가옵니다. 그 친구에게는 옆에서 녹취를 하라고 하고는 연습에 들어갔습니다.

유동걸 | 반갑다. 나는 잠실에 있는 영동일고에서 국어를 가르치는 유동걸이라고 해. 토론 준비하는 모습을 보니 기특하다는 생각도 들고, 안쓰러운 생각도 들지만, 열심히 공부해서 좋은 결실을 맺기 바란다. 서로 처음 보는 사이니 인사부터 할까? 우선 자기 이름과 '토론' 하면 생각나는 말이 무엇인지 말하면서 자기 소개를 해 볼래?

학생 1 | 저는 토론은 '배움' 이라고 생각해요. 토론은 이번에 처음 해 보지만, 토론을 하다 보니 내 자신을 통제하는 능력을 배우는 것 같아요. 그밖에도 많은 것들을 배우게 되니 토론은 배움이라고 생각합니다.

학생 2 | 저는 토론은 '한계 넓히기' 라고 생각합니다. 부족했던 제 자신을 돌아보고 한계가 무엇인지 깨달아 가면서 자기를 넓혀 나가는 게 토론 같아요.

학생 3 | 저는 토론이 '싸움' 이라고 생각해요. 물론 막무가내 싸움은 아니고요, 서로 친해지고 서로를 더 깊이 이해해 나가기 위한 싸움이랄까……

학생 4 | 저는 토론이 즐거움과 고통을 동시에 주는 것이라고 생각합니다. 토론을 하기 전까지는 준비하기도 힘들고 이것저것 고통이 따르는데, 막상 토론을 시작하면 논리적인 공방을 주고받는 게 너무 즐거워요. 그런 점에서 토론은 고통과 쾌락을 동시에 가져다주는 것이라고 생각합니다.

마지막 학생의 말을 듣는 순간, 이 친구는 삶이 사랑 충동과 죽음 충동으로 이루어졌다고 주장하는 프로이트를 이미 공부한 건가 하는 착각이 들었습니다. 토론 속에서도 사랑과 죽음이 싸움과 화해를 통해서 실현되는 건가 하는 생각이 따르면서 말이지요. 자, 그러나 지금은 토론 시간.

유동걸 | 다음 사람 말을 해 볼까?
학생 5 | 저는 토론이 민주적 문제 해결 과정이라고 생각합니다.

　참 교과서 같은 대답입니다. 문득 학생들이 생각하는 '민주'는 무슨 의미일까 궁금해졌습니다.

유동걸 | 자, 그럼 아파서 쉬고 있는 친구는?
학생 6 | 저는 토론은 삶이라고 생각합니다. 우리가 이 세상을 살아가면서 만나는 화두들을 깨우쳐 가는…….

　헉? 이 학생들이 고등학생 맞아? 화두라니……. 더 이상 물을 수 없었습니다. 토론반 활동을 2년째 하고 있다고는 하지만, 대답이 너무 거창하지 않은가 싶었습니다. '하긴 그럴 수도 있지, 뭐!' 하는 심정으로 다음 단계로 나아갔습니다.

유동걸 | 자, 그럼 긴장이 좀 풀린 듯하니, 이제부터 본격적인 토론에 들어갈게요. 원탁 토론이 처음이긴 하지만 형식은 어느 정도 숙지하고 있으니, 일단 진행을 하고 좀 다듬을 부분은 토론 마친 뒤에 다시 이야기하기로 합시다. 논제는 잘 알다시피 '온라인 심야 게임을 규제해야 한다.'입니다. '전면'이란 말이 빠진 이유는 원탁 토론이 세다 토론과 달리 양 극단만의 입장을 취하지 않고 중도적인 입장이나 제3의 의견을 제시할 수 있는 토론이기 때문입니다. 자, 그럼 누가 먼저 1차 발언을 시작할까요?

ㅎ고 김○○의 발언으로 토론이 시작되었습니다. 그 뒤의 내용은 몇 가지 논점을 중심으로 팽팽한 찬반 토론이 진행되었습니다.

'온라인 심야 게임을 규제해야 한다.'는 것에 반대하는 측 입장은 헌법 10조의 행복 추구권을 예로 들며 인권 침해의 소지가 있음을 강조하거나, 2조 원 이상의 매출을 올리는 게임 산업에 대한 심대한 타격이 된다는 사실을 강조했습니다. 또 아무리 규제를 해도 풍선 효과로 인해 다른 형태의 게임을 양산하므로 실효성이 없다는 이유를 들어 반대 의견을 제시했습니다. '과잉 금지의 원칙'에 따라 규제는 피해를 최소화하고 수단이 적절해야 하는데, 그 부분에도 위배된다는 주상도 나왔습니다. 원탁 토론이라고 강조했지만 세나 부분에 익숙해서인지 절충안은 나오지 않았습니다.

찬성 측의 주된 논거는 게임 중독의 피해로 인한 사회적 혼란이 매우 크다는 것이었습니다. 살인 사건 등의 사회적 문제가 심각하다는 사례를 제시했고, 자율 규제의 어려움도 주요 논점으로 제시되었습니다. 그동안 피로도 시스템 — 피로도가 올라가면 저절로 게임이 중단되도록 하는 시스템 — 을 비롯해서 다양한 자율 규제 방안이 나왔지만, 실질적인 효과를 거둔 사례가 없다는 이유가 주요 근거였지요. 헌법 119조 2항의 경제 주체 간 조화를 제시하며, 국가의 규제가 불가피함을 역설하기도 했습니다. 아, 이건 매우 참신한 의견……

찬성과 반대가 2대 3으로 팽팽

헌법 119조 2항 | 경제 민주화를 다루고 있는 헌법 조항으로, 내용은 다음과 같다. '국가는 균형 있는 국민 경제의 성장 및 안정과 적정한 소득의 분배를 유지하고, 시장의 지배와 경제력의 남용을 방지하며, 경제 주체 간의 조화를 통한 경제의 민주화를 위하여 경제에 관한 규제와 조정을 할 수 있다.'

합니다. 누구 하나 떠는 사람 없이 진지하면서도 유연하게 토론을 전개해 나가는 모습이, 원탁 토론을 처음 하는 학생들이라고는 믿어지지 않을 정도였습니다.

유동걸 | 2차 발언은 1차 발언, 즉 입론에 대한 반론을 위주로 진행합니다. 자기 의견의 반복이 아니라 다른 사람 의견의 문제점에 대한 비판과 반박 위주로 내용을 전개합니다.

　2차 발언도 팽팽. 논점은 특별히 달라진 것이 없습니다. 1차 발언에 대한 반박이 중심이므로 행복 추구권과 공공 복리의 문제, 게임 산업과 규제와 치료 효과의 경제성 문제, 자율 규제와 아이피, 주민 등록 번호 도용 문제가 제기되었고, 그러다가 법률이 다수와 소수 가운데 누구를 먼저 보호해야 하는가도 새로운 논점으로 제시되었습니다. '국가가 개인의 사생활을 규제하는 것이 정당한가.' 라는 국가 개입 범위 문제도 제시되었습니다. 사고의 발산을 통해 창의적인 토론 내용 생산을 목표로 하는 원탁 토론의 취지로 보면 매우 바람직한 현상이 아닐 수 없습니다. 3차 발언에 이르러서는 내심 기대했던 인간의 자율성과 유희성이 다루어졌습니다.

　'인간은 유희적인 존재이다. 그 유희성을 고려할 때, 게임 규제는 바람직한가?'

　처음에는 찬성론의 근거로 제시되었는데, 그렇기 때문에 반대론에서도 같은 논거로 규제할 수 없다고 주장합니다. 인간은 자기 스스로 중독을 진단하고 치유할 수 있을까? 찬성론은 어렵다고 주장합니다.

수많은 게임 중독자들을 볼 때, 불가능한 사람들이 많다는 것입니다. 반대 측에서는 인간의 자율적 변화에 대한 믿음을 강조합니다. 이때쯤 되면 가슴이 찡하게 와 닿은 대목도 있습니다. 현대 사회가 불신사회이고 우리는 모두 불완전한 인간들이지만, 자율과 믿음을 강조하는 이야기를 들으면 괜히 뭉클한 느낌이 드는 그런 순간 말입니다.

이제 마지막 순서인 정리 발언이 남았습니다. 다수와 소수를 함께 배려하는 절충안 혹은 창조적인 대안은 없을까 주문합니다. 예를 들면 야간 사용료를 올리고 그 수입을 중독자 치료에 사용한다든지 하는 방법 말이지요. 정리 발언을 마치고 물을 마시면서 한숨 돌리고, 박수와 함께 서로 고생한 친구들을 격려하면서 부분을 마쳤습니다.

학생들이 스스로 진행한 피드백 사례

'피드백'이란 측면에서 보자면 내용보다도 이 학생들의 발언 태도나 속도, 성량, 눈빛, 반응 태도 등을 언급해야 하는데, 그 부분까지 자세히 적기가 어렵습니다. 실제로 토론 진행을 내용 중심으로 했기 때문에 세세하게 그 부분을 관찰하지 못하기도 했고요. 그런데 토론을 마친 뒤 피드백 하는 과정에서 토론 전에 목이 아파 쉬겠다고 했던 친구의 발언이 저를 깜짝 놀라게 했습니다. 처음보다 목소리도 좀 나아졌는데, 피드백 내용이 날카롭기가 창 같고, 따스하기가 한겨울 따끈따끈한 호빵 같더군요.

학생 6 │ 토론 잘 들었습니다. 처음임에도 불구하고 뛰어난 실력을 보여 주신 양측 토론자들에게 감사드립니다. 일단 저희 팀에서 자료를 준비하고 공부한 내용과 전혀 다른 새로운 이야기가 나와서 좋았습니다. 참신한 토론이었어요.

먼저 찬성 측 김○○ 토론자에 대한 피드백을 시작하겠습니다. 일단 김○○ 토론자는 목소리가 크고 좋은데 연설하듯 말하다 보니 말이 좀 빠른 듯합니다. 상대방이 잘 알아들을 수 있도록 조금 천천히 해 주시면 좋겠습니다. 반론과 질문이 날카롭고 돋보이지만 지나치게 공격적이라는 느낌을 주기도 합니다.

반대 측 고○○ 토론자는 입론을 짧게 하셨는데, 시간에 맞추어 준비를 할 필요가 있습니다. 무언가 자신감이 부족한 느낌이 듭니다. 중반부터는 참신한 내용도 많이 제시하시고, 특히 후반부에 가슴을 울리는 이야기는 무척 좋았는데, 초반에 왜 그러셨는지 궁금합니다.

반대 측 김○○ 토론자는 발음이 약간 부정확합니다. 전체적으로는 톤이 안정되어 있어 좋은데, 간혹 '~습니다'라는 말이 '~슴다'로 들리기도 합니다. 그래서인지 좀 다급해 보이는 느낌이 들고, 토론 내용 가운데 계속 근본적인 해결책을 찾아야 한다고 주장하셨는데, 그 해결책이 무엇인지 궁금합니다. 구체적인 대안을 제시하면 매우 설득력 있는 입장이 되리라 생각합니다.

찬성 측 한○○ 토론자는 입론서를 안 보고 토론을 해서 깜짝 놀랐습니다. 마치 실제 대회를 하는 듯해서 이미 생각이 다 정리되어 있구나 하는 느낌을 받았습니다. 생각이 꽉 차 있어서 그런지 말이 좀 빠른 건 고쳐야 할 것 같습니다. 그리고 중간에 '어~', '응~' 하는 여음이 들어가는데요, 저도 그런 부분을 많이 지적 받았는데, 한○○ 토론자도 그 부분에 유의해야 할 듯합니다. 입 부분에 손이 있으면 듣는 사람이 좀 불편합니다. 적당한 제스처는 필요하지만 너무 남발하는 건 자제가 필요합니다.

엄○○ 토론자는 목소리가 안정되고 차분함을 줍니다. 중간에 멈칫하긴 했지만 전반적으로 당당하게 자기주장을 잘 펼친 듯합니다.

그리고 내용에 대한 전반적인 느낌은 근거가 표피적인 수준에서 논의된다는 점입니다. 어느 정도 반론을 예상하고 말하거나 또 그렇게 반론해서인지 토론이 아주 깊이가 있다는 느낌은 부족합니다.

토론자들의 자평은 대체로 주○○ 학생의 지적에 공감하면서 아쉬움과 재미가 교차했다는 것으로 모아졌습니다. 반대 측 김○○ 토론자는 평소 치아교정기를 하고 다녀 발음이 부정확하고 그게 늘 자신감 부족으로 비춰졌는데, 이날 그 부분을 90퍼센트 정도는 극복해 보였습니다. 토론 대회에 참여하고 연습한 지 2주 남짓 지났는데, 정말 놀라운 변화나 생기했습니다.

피드백은 피 철철 나도록

앞에서 보인 주○○ 학생의 피드백은 사회를 보면서 참관한 저의 의견이 약간 첨부된 것이기는 합니다. 하지만 그렇다 하더라도 놀라우리만치 정확하고 꼼꼼했습니다.

케이비에스(KBS) 「수요기획」 '토론의 달인, 세상을 이끌다' 편을 보면, 연세대학교 토론 클럽 대학생이 "피드백을 피 철철 흘릴 만큼 아프게 할 수 있다는 것은 사실 그 사람에 대한 애정이 있으니까 할 수 있는 것이다."라는 말을 하는데, 이날 토론과 피드백의 현장이 진정 그러했습니다. 너무 아프지 않으면서, 그렇다고 안 아프지도 않게……

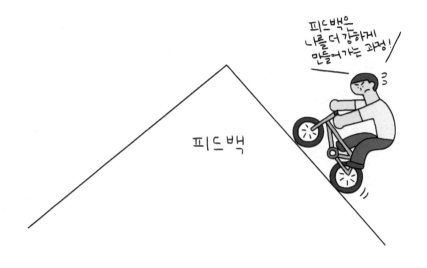

피드백은 나를 더 강하게 만들어가는 과정!

피드백

　적당한 칭찬과 격려, 그리고 2퍼센트 부족한 무언가를 짚어줄 때 우리는 진정으로 그 사람에게 감사합니다. 처음 만나 일합을 겨뤄 본 친구들이지만, 이날 팽팽한 긴장감이 넘치는 토론과 훈훈한 피드백은 두 학교의 거리를 뛰어넘어 금세 여섯 친구들 모두를 친근하게 묶어 주는 든든한 동아줄 역할을 했습니다.

　그 정도로 부족했는지, 세다 토론 연습을 하지 말고 밖으로 나가 자연 속에서 나머지 부족한 부분들을 더 이야기하기로 했습니다. 토론 준비에 대한 소감을 포함한 토론 경험담과 앞으로의 대응 등을 자유 토론 형식으로 이야기하는 자리였지요.

　앞에서 형식을 갖춰서 한 원탁 토론은 마치 세다 토론을 보는 듯했습니다. 일단 학생 수가 다섯이고, 논제에 대한 입장도 중도가 없었습니다. 중도가 없으니 절충이나 제3의 의견, 창조적인 대안 등도 나오기 힘들었고요. 논점이 약간 확대되는 정도의 토론이어서 발전 가능성과 아쉬움이 교차하는 정도의 느낌이었죠.

야외 토론은 한층 자유롭고 흥겨운 분위기 속에서 진행되었습니다. 전날 자기 학교에서 세다 토론 연습을 하다 와서 그런지 무겁고 힘겨웠던 분위기는 눈 녹 듯 사라져 갔습니다.

고○○ 토론자가 초반에 무거웠던 이유도 드러났습니다. 날카로운 논리 전개와 질문 능력으로 전날 세다 토론 연습 때에는 최고의 토론자로 칭찬을 받았는데, 원딕 토론을 처음 누선하다 보니 긴장감이 풀어지지 않아 마음이 자유롭지 못했다고 고백했습니다.

토론의 내용상 자유 토론의 결론은 새롭고 건전한 '밤놀이 문화(?)'의 부활로 모아졌습니다. 라디오와 책 등 밤에 폭력적이고 선정적인 게임이 아닌 다른 문화의 창조와 보급이 필요하다는 결론이지요. 하지만 힘겨운 학교 생활에 지치고, 늘 자정 가까이에 집에 오는 학생들이 그런 여유를 가질 수 있을까요? 하여튼 이런 토론을 왜 해야 하나라는 새로운 문제 의식에 도달했다는 점이 뿌듯하게 다가왔습니다. 토론이 고통이 아니라 즐거움일 수도 있다는 걸 공감하고 가벼운 발걸음으로 돌아가는 것도, 적절한 피드백과 그 이후의 자유 토론 덕분이 아닌가 싶습니다.

원탁 토론 피드백 사례

자, 그럼 피드백 과정에서는 어떤 내용들을 다루어야 할까요?

2010년 6월 7일 서울시 11지구(서울 강남)에서 진행한 원탁 토론을 중심으로 정리해 보고자 합니다. 총 열네 학교가 도전했고, 학교마다 세 명씩 참가했으니 학생 수는 총 52명. 이 학생들을 네 모둠으로 나누니 한 모둠에 11명. 토론을 하기에는 학생 수가 매우 많지만, 이렇게 예선에서라도 자기 학교를 대표하여 원탁 토론을 해 볼 기회를 갖는다는 것 자체가 소중한지라 인원을 줄이자고 할 수가 없었습니다.

토론 내용은 앞에서 살펴본 두 학교 학생들의 논점과 논거에서 크게 벗어나지 않았습니다. 자기 학교 학생들을 상대로 설문 조사를 해서 참신한 평가를 받기도 했지만, 조사 대상의 협소함 때문에 반박을 당한 학생도 있었고, 시각 자료를 지나치게 자주 제시하여 토론인지 발표인지 구별이 잘 안 가는 학생도 있었습니다. 그날 토론에서 열한 명의 토론자들이 보여 준 모습 중에서 좀 더 다듬을 점을 중심으로 살펴보겠습니다.

1) 정확하지 않은 통계 수치나 애매한 표현은 공격을 받습니다. 앞에서 언급한 학생처럼 자기 학교 학생들에게 직접 설문 조사를 해 온 경우, 실천적 노력은 높게 평가받을 수 있지요. 원탁 토론의 실천성을 아는 심사 위원이라면 높은 점수를 주었을 것이나, 그 수준까지 토론 심사를 할 사람은 많지 않습니다. 그럼에도 통계 수치가 반박을 많이 당

한 것은 조사 범위가 지나치게 좁아서 전국 단위 주제에는 어울리지 않는다는 점입니다. 토론은 무엇보다 사실적인 근거의 싸움이며, 가장 객관적인 사실은 통계 수치와 현장성을 드러내는 자료와 사진 등입니다.

2) 세다 토론의 영향인지 학교마다 공격적인 토론자가 눈에 많이 띄었습니다. 적극적인 모습은 바람직하지만 도가 지나치면 토론의 원래 취지를 훼손할 수 있으니 주의해야겠지요. 논지와 사람을 구별하지 않고 지나치게 사람을 거명하며 공격하는 모습은 인신공격의 느낌을 줄 수 있으므로 주의가 필요합니다. 토론은 사람이 하지만 공격은 사람이 아니라 논리를 두고 하는 것이니까요. 그런 경우 시에 말이 빨라지고 무소리가 커지는데, 호흡이 가쁘면 서로 숨이 차오릅니다.

3) 토론 시간의 관리는 각자가 적절하게 알아서 할 몫입니다. 철저하게 두괄식 말하기를 함으로써, 시간에 밀리는 일이 없도록 해야 하고, 반론과 정리 등 각자의 역할에 따라 자기가 할 발언에 맞게 적절하게 시간 분배를 해 두는 것도 잊지 말아야 할 사항입니다.

4) 자기주장 없이 객관적인 자료만 늘어놓는 모습도 지적 사항입니다. 스케치북에 여러 자료를 잘 갈무리해 온 것까지는 좋았으나, 시종일관 자료 설명에만 몰두하는 모습은 자신감이 없어 보입니다. 토론은 쌍방향 소통이지, 일방적인 발표가 아니기 때문입니다.

5) 자신감 부족의 또 다른 사례는 발음의 부정확함이나 작은 목소리,

애매한 표현 등을 사용할 때입니다. 과유불급(過猶不及)이랄까. 지나침은 모자람만 못하다고 하지만, 토론에서는 모자람 또한 지나침만큼이나 결격 사유입니다. 이런 경우 토론의 긴장감이 떨어지기 십상이지요. 우리는 흔히 공적인 자리에서 긴장하지 말라고 하는데, 진정한 의미의 긴장(緊張)이란 긴밀함과 유연함의 조화, 즉 굳게 얽어 감아내면서도 동시에 베풀고 널리 펼치는 것입니다. 창조적 긴장이야말로 토론을 즐기는 중용의 자세라고 할 수 있습니다.

6) 어느 학생이 말한, "셧다운(Shutdown) 제도가 인생을 셧다운 시킨다."는 말은 언어유희지만 인상적이었습니다. 서로에게 충고를 해 주는 피드백이 분위기를 셧다운 시키거나, 토론 자체를 다운시켜서는 안 되겠지요. 그렇다고 아픔을 두려워하며, 비판받기를 두려워한다면 더 이상 성장을 기대하지 못합니다. 완벽한 토론자, 이상적인 토론이란 존재하지 않습니다. '성자 천지도 성지자 인지도(誠者 天之道 誠之者 人之道)' 라 하지 않습니까. 토론의 관점으로 풀어 말하자면, "완벽한 토론자는 하늘이 내는 것이고, 완벽한 토론자가 되고자 하는 노력은 인간의 길이다."라는 뜻이 되겠습니다. 하늘이 낸 토론자가 있다면 모르겠지만, 불완전한 우리 인간은 다만 거듭나기 위해 배우고 익힐 뿐입니다. 부족함과 실수는 누구에게나 있으며, 또 인간이기에 있어야 합니다.

7) 이날 토론에서, 어느 여학생이 한 말, "젊어서 실패는 근육이 된다."라는 명언이 오래 기억에 남네요. 이런 실패의 과정을 교훈으로 삼을 때, 엉킨 스텝은 그대로 춤이 되고, 실패는 인생의 일부가 됩니다.

그렇습니다. 피드백을 엄중하게 받는다는 것은 젊어서의 실패가 무엇인지를 정면으로 바라보고 받아들이는 행위입니다. 이때의 실패는, 그야말로 진정 강인한 정신과 사고의 근육을 키우는 바람직한 과정임을 새삼 깨닫게 되지요. 그러므로 토론을 사랑하는 모든 이들은, 엄격한 논리와 매운 정신의 회초리로 매우 쳐야 합니다. 상대를, 그리고 자기 자신을 말입니다.

9

토론의 숨은 신

– 토론과 사회자

정확한
반론을 위해
사실 관계를 따지고
연구하는 자세라
하겠지요.

미희   선생님, 선생님은 토론 수업의 달인이라고 남들이 그러는데, 선생님께서 존경하는 토론의 전문가는 누구인가요?

선생님   (기분 좋은 목소리로) 음, 너 어디서 그런 소문을 들었니? 내가 토론을 좀 잘 하기는 하지만, 뭐……(이 무슨 깔때기 ^^). 글쎄 전 세계적인 명연설가나 토론가로는 일단 미국의 국무장관을 지낸 힐러리 클린턴이나 버락 오바마 대통령을 꼽을 수 있지 않을까? 특히 오바마는 흑인이면서도 백인 미국인의 마음을 사로잡을 정도로 탁월한 연설 능력을 보이기도 했지.

미희   우리나라 사람 가운데는 뛰어난 토론가가 없나요?

선생님   「100분 토론」에 나왔던 토론자들 가운데 이름난 사람들이 좀 있기는 하단다. 어느 네티즌이 뽑아놓은 걸 보니 유시민, 진중권, 노회찬, 홍준표, 신해철 등 우리가 잘 아는 정치인이나 연예인이 있더구나.

미희   그 가운데서 누가 가장 잘하는 사람인지 말해 주실 수 있나요?

선생님   아니, 나는 그 사람들보다 더 토론을 잘 하는 사람이 있다고 생각해.

미희   그래요? 그게 누구인가요?

선생님   대한민국 토론 1호라면 단연 손석희지!

미희   손석희 씨는 토론을 하기보다 사회를 보거나 인터뷰를 하는 사람인데 어떻게 최고의 토론자라고 할 수 있죠? 토론은 말을 잘하는 거 아닌가요?

선생님   그래! 말 잘했구나. 손석희의 말을 잘 들어보렴. 어느 토론자 못지않게 말을 잘하는 사람이란 걸 알 수 있지.

미희 좀 자세하게 설명해 주세요. 사회자인데도 말을 잘하면 토론을 잘하는 사람이란 말씀인가요?

선생님 급하기는……. 그래 토론에서 사회자의 역할과 비중은 대단하지. 누가 사회를 보느냐에 따라서 토론의 방향과 분위기가 크게 달라지기도 하니까. 특히 「100분 토론」 같은 자유 토론의 경우에는 사회자의 영향력이 절대적이지. 교실 토론의 경우에도 사회자가 얼마나 사회를 부드럽고 유연하게 잘 보느냐에 따라 토론의 성패가 살리는 경우가 많고…….

손석희와 사회자

『시사저널』조사에서 지난 6년 동안 한국 사회에서 가장 영향력 있는 언론인으로 평가받은 손석희. 그는 어떤 삶을 살아왔고, 사회자로서 「100분 토론」이나 「시선집중」이라는 프로그램을 어떻게 진행해 왔기에 그런 평가를 받은 걸까요? 토론 사회자의 모범인 그를 통해 사회자의 역할에 대해 살펴볼 필요를 느낍니다.

토론에서 사회자는 자기의 의견을 바탕으로 토론의 방향을 이끌어야 할까요? 당연히 사회자는 철저하게 중립적인 위치에 있어야 합니다. 사회자의 생명은 중립성과 공정성에 있습니다. 사회자는 의견을 제시하는 사람이 아니라 토론자와 청중들이 의견들을 충분히 공유할 수 있게 하는 다리 역할을 하는 사람이니까요.

그렇다면 교실 토론에서 사회자는 선생님만 할 수 있을까요? 선생님이 사회를 맡아서 토론의 방향을 전체적으로 이끌어 가는 게 대체로 바람직하기는 합니다. 하지만 학생들도 사회에 나가면 토론의 사회자 역할을 하는 경우가 있을 것이므로, 사회자 역할에 대한 훈련 차원에서 학생들이 토론의 사회를 맡고 선생님께서 사회자 역할을 지도해 주는 것이 바람직한 토론 교육의 모습입니다.

토론에서 사회자는 존재감이 무척 크게 다가옵니다. 하지만 어떤 경우에는 사회자가 없는 것처럼 느껴질 때 토론 진행이 훨씬 잘 되고 사회자가 자기 역할을 잘했다고 느껴질 때도 있습니다. 과연 토론 사회자는 적극적이어야 좋을까요, 아니면 소극적이어야 좋을까요?

토론의 종류에 따른 사회자의 역할

토론에는 여러 종류가 있습니다. 그 토론의 종류나 성격에 따라 사회자의 역할도 달라집니다. 토론의 종류는 상황에 따라서 방송 토론과 교육 현장의 토론, 그리고 대회형 토론으로 나눌 수 있습니다.

방송 토론은 엠비시(MBC) 「100분 토론」과 같은 자유 토론이 주를 이루지만, '대통령 선거'나 '대통령과 국민과의 대화' 등의 공식적인 행사나 목적 위주의 토론도 있습니다. 이런 경우 토론의 사회자는 최소한의 개입으로 칠지히게 정해진 시산이나 순서에 의해서 긴행상 꼭 필요한 발언만 하게 됩니다.

하지만 자유로운 형식의 토론인 경우에는 사회자의 적극적인 개입과 안내가 필요합니다. 토론자들 모두가 저마다 목적을 가지고 있으며 형식도 엄정하게 정해져 있지 않기 때문에, 자칫하면 사회자가 토론자에게 끌려갈 수 있기 때문입니다. 따라서 발언을 제지하거나 혹은 새로운 쟁점을 적극적으로 제시하면서 사회자가 의도하는 방향으로 토론을 잘 이끌어 가는 것이 중요합니다.

교실 토론은 선생님의 교육 목표에 따라서 다양하게 적용이 가능합니다. 보통은 선생님이 사회를 보면서 토론의 흐름을 원활하게 이끌어 감으로써 학생들에게 사회자의 역할을 보여 주는 것이 좋은 토론 교육입니다. 학생들에게 토론 교육을 시키는 입장에서는 사회자의 역할을 학생에게 맡기고 교사는 전체적인 토론 지도를 하는 것도 때에 따라서는 필요합니다. 모둠 토론을 자주 하는 선생님이라면 학생들이 모둠 사회를 자주 보아야 하므로 사회자가 갖추어야 할 기본 자세나 덕목을 가르칠 필요가 있습니다.

대회형 토론에서 사회자는 거의 기계적이라고 할 만큼 최소한의 역할과 발언만 합니다. 정해진 순서, 정해진 대사가 있을 정도로 대회형 토론에서 사회자가 하는 말과 역할은 축소됩니다. 다만, 유머와 위트를 발휘해서 토론자들의 긴장을 풀어 주고 자칫 딱딱해지기 쉬운 대회 분위기를 부드럽게 바꿔 가는 것도 토론 사회자의 역량입니다.

어느 토론이든 사회자는 토론의 내용에 개입하지 않으며 객관적이고 중립적인 자세로 공정하고 활발한 진행을 하는 것이 필요합니다.

토론 사회자가 지켜야 할 몇 가지 원칙

토론에서 사회자가 차지하는 비중은 결코 작지 않습니다. 사회자는 논제와 관련한 의견을 제시하는 사람은 아니지만, 토론의 전체 흐름과 방향을 이끌어야 한다는 점에서 토론의 가장 중심에 서 있는 사람입니다. 그럼 일반적으로 훌륭한 토론 사회자는 어떤 점을 잘 알고 지키는 사람인지 살펴보도록 하겠습니다.

첫째, 토론의 규칙을 공정하게 지키면서 토론하게 합니다.
토론의 원칙에서 배웠지만 토론은 기회 균등의 원칙과 상호 존중의 원칙을 기본으로 합니다. 사회자는 양측이 동등한 발언 기회를 갖도록 하고 서로 존중하면서 말할 수 있도록 해야 한다는 원칙을 잊지 않아야 합니다. 토론자들을 배려하여 소외되는 사람 없이 고루 발언할 수 있도록 기회를 균등하게 주어야 합니다. 공정한 진행을 하려면 당연히 중립적인 위치를 잘 지켜야겠지요.

둘째, 토론 내용이 논제에서 벗어나지 않도록 이끌어야 합니다.

토론에 집중하다 보면 토론자들이 토론의 본 목적을 잊고 감정에 휘말리거나, 논제에서 벗어난 이야기를 하는 경우가 종종 있습니다. 특히 방송 토론이나 교실 토론의 경우에 자유로운 형식 속에서 토론을 진행하다 보니 토론자들이 곁가지로 새어 나가는 빌미을 줄 때가 있습니다. 이러한 모습은 어느 한쪽이 토론의 규칙을 공정하게 지키지 않는 경우 또는 아직 토론에 미숙하여 내용의 흐름을 잘 파악하지 못하거나 인신공격 등의 오류 등을 범하는 경우에 흔히 볼 수 있습니다. 사회자는 토론의 본줄기에서 벗어난 행동이나 말을 적절히 제지하면서 본래의 흐름으로 자연스럽게 토론이 진행되도록 이끄는 역할을 해야 합니다.

셋째, 토론 내용을 정리하고 요약합니다.

대회형 토론에서는 별도의 정리가 필요 없습니다. 하지만 교실에서나 방송에서는 논점을 제시하고 양측의 핵심 주장이 무엇인지 환기시켜, 토론의 진행 과정이 어느 시점에 와 있으며 앞으로 어떤 방향으로 얼마나 토론을 더 진행할 것인지를 적절하게 알려 주는 역할을 해야 합니다. 토론이 진행되다 보면 청중들이 토론 내용을 잘 이해하지 못하거나 흐름을 따라가지 못할 때가 있습니다. 이때 적절한 정리는 토론에 참여한 사람들에게 도움이 됩니다.

손석희 스타일

우리 시대 최고의 사회자이자 '인터뷰어(interviewer)'인 손석희 씨는 사회자로서 어떤 덕목을 갖추고 있을까요? 『손석희 스타일』(토네이도, 2009)이라는 책을 낸 진희정 씨에 따르면 다음과 같이 요약됩니다.

손석희 스타일의 본령은 '교감'이다. 교감은 눈높이를 맞추는 데서 출발한다. 숨가쁜 사건 현장에서, 치열한 토론장에서, 맨투맨 인터뷰 자리에서 그는 늘 상대적 약자와 눈높이를 맞춰왔다. 메이저보단 마이너를, 다수보단 소수를, 상부 구조보단 하부 구조를 배려해 왔다. 그래서 그는 권력에서 자유롭고 당파에 얽매임이 없으며 원칙과 소신을 밀고 나가는 데 거침이 없다. 차가운 머리를 들어 강자와 맞서고 따뜻한 가슴을 열어 약자를 품어 안는 손석희 스타일 안에는 그와 더불어 함께 살아가고자 하는 사람들의 싱싱한 호흡으로 가득하다. 그래서 손석희 스타일은 언제 어디서나 당당하다.
— 진희정, 『손석희 스타일』(토네이도, 2009) 머리말에서

손석희 씨는 「100분 토론」 사회자 역할을 통해서나 「손석희의 시선집중」의 인터뷰어의 자리에서 이런 본령을 충실히 보여 왔습니다. 손

석희 씨의 수많은 강점 가운데 사회자와 관련된 역할에 관해서만 몇 가지 생각해 보겠습니다.

첫째, 정확한 사실에 기반합니다.

오바마나 손석희 같은 뛰어난 토론자와 사회자들은 모두 논제에 대한 정확한 사실 분석 능력을 가지고 있습니다. 흑인 오바마가 미국인의 마음을 움직여 대통령의 자리에 오를 수 있었던 이유는 여러 가지가 있겠지만, 가장 중요한 것은 미국 사회의 현실을 정확히 분석하고 진단하여 새로이 나아갈 방향을 제시했다는 점일 것입니다. 손석희 역시 토론 전에 치밀하게 사전 조사를 하는 것으로 유명합니다.

정확한
반론을 위해
사실 관계를 따지고
연구하는 자세라
하겠지요.

우리에게 깊은 인상을 남긴 브리지트 바르도(Brigitte Bardot)와의 인터뷰는 손석희의 사실 연구 자세가 어떠한지 잘 보여 줍니다.

한국 사람들이 개고기를 먹는다는 사실을 두고 브리지트 바르도는 한국인을 맹비난했습니다. 자신이 동물 애호가이고, 특히 개를 아끼고 사랑하다 보니 개를 식용으로 삼는 한국인들이 이내 못마땅했던 모양입니다. 그녀는 "개고기를 먹는 한국 사람은 야만인이다."라는 발언을 서슴지 않았습니다.

그럼 2001년 「손석희의 시선집중」 인터뷰 가운데 브리지트 바르도와 벌인 개고기 논쟁의 한 대목을 들어보실까요? 이 인터뷰는 2회에 걸쳐 진행되었습니다.

손 │ 한국 정부에 개고기 식용과 관련해서 자주 항의의 편지를 보냈는데…….

BB │ 주불 한국 대사관을 통해 한국 정부의 책임자에게 보냈습니다. 보낸 이유는 한국에서의 개 도살과 식용 및 유통이 전 세계에 충격을 주었기 때문입니다.

손 │ 한국인들이 개를 잡는 과정을 영상이나 사진으로 본 일이 있습니까?

BB │ 취재 필름과 사진을 갖고 있습니다. 이것들을 프랑스 축구단뿐 아니라 월드컵에 참가하는 다른 나라 축구단 및 전 세계에 알리겠습니다.

손 │ 그렇다면 월드컵을 보이콧하겠다는 뜻입니까?

BB │ 그건 아닙니다. 다만 한국 정부를 압박해서 개고기 식용을 금지시키는 것이 목적입니다.

손 │ 당신의 비판은 문화적인 상대성을 인정하지 못하는 태도가 아닌지…….

BB │ 개고기 식용은 문화가 아니라 야만입니다. 아름다운 관습의 나라 한국이 개고기를 먹는 것은 이해할 수 없습니다.

손 │ 한국에는 식용 개와 애완용 개가 따로 있는 것을 알고 있습니까?

BB | 먹는 개와 집에서 키우는 개를 구분하는 것은 인종 차별입니다. 왜냐하면 개는 동반자요, 인간의 그림자이기 때문입니다. 개를 먹는 것은 식인 문화입니다.

- 2001년 11월 28일, 1차 인터뷰 중에서

손 | 한국에서 개고기를 먹는 사람들이 얼마나 된다고 생각하십니까?

BB | 잘 모르겠습니다. 다만 단 한 사람이 개고기를 먹는다고 해도 그건 불필요한 일입니다.

손 | 그럼 새로운 사실을 말씀드리죠. 제가 아는 프랑스인은 한국에 와서 개고기를 먹기 시작했습니다. 프랑스인뿐 아니라 한국에 온 미국인, 독일인 몇 명도 개고기를 먹은 적이 있다고 경험담을 얘기한 바가 있습니다. 그리고 그 사람들은 지금도 개고기를 먹고 있습니다. 이것은 사실입니다. 그렇다면 저희는 프랑스 사람, 독일 사람, 미국 사람들의 대다수가 개고기를 먹을 수 있다고 생각해도 되겠습니까? 즉 이렇게 과장해서 얘기해도 되냐는 겁니다.

BB | (매우 화난 목소리로) 그것은 사실이 아닙니다. 프랑스인, 독일인, 미국인들은 절대로 개고기를 먹을 수 없습니다. 그것이 개고기인 줄 몰랐다면 가능한 일이겠죠. 하지만 그것이 개고기인 줄 알았다면 결코 그것을 먹을 수 없습니다. 여러분들이 그것을 돼지고기, 소고기라고 얘기했겠지요. 나는 여러분들과 더 이상 인터뷰를 하고 싶지 않습니다. 왜냐하면 거짓말을 하는 사람과는 얘기할 수 없기 때문입니다. 다만 여러분들에게 앞으로 어떠한 일이 닥칠지 알게 되기를 바랍니다.

(브리지트 바르도가 전화를 일방적으로 끊는다.)

손 | 브리지트 바르도 씨는 거짓말이라고 했지만 그것은 어디까지나 사실에 기초한 질문이었습니다. 한국인이면 몰라도 프랑스, 미국인이라면 결코 개고기를 먹지 않는다는 브리지트 바르도 씨의 강변을 통해서 그녀가 동물 애호가라기보다, 차라리 인종 차별주의자라는 결론을 얻게 됩니다. 이번 인터

뷰는 어디까지나 서로의 문화적 차이를 이해하는 목적으로 기획됐지만, 개고기를 먹느냐 안 먹느냐를 가지고 민족적 차별로 귀결된 점에 대해 안타까움을 느낍니다.

– 2001년 12월 3일, 2차 인터뷰 중에서

프랑스인이나 미국인 가운데에서도 개고기를 먹는 사람이 있다는 반증 사례를 통해서 브리지트 바르도를 동물 애호가에서 인종 차별주의자로 변화시킨 손석희의 재치가 돋보이는 인터뷰입니다.

상대방에게 정확한 반론을 하기 위해 사실 관계를 따지고 연구한 자세를 엿볼 수 있습니다. 손석희 씨는 「100분 토론」 사회를 볼 때도 책상 위에 쌓인 수백, 수천 페이지의 자료를 읽고 핵심적인 사실과 내용을 정리했다고 합니다.

둘째, 중립성이 사회자의 생명입니다.

손석희 씨는 「100분 토론」 사회자를 그만두기 전 어느 대학 강연에서 "토론하다 중립을 지키기 어려운 점이 있다면?"이란 질문을 받고 이렇게 말했다고 합니다.

사회자는 왜 중립을 지켜야 하는가? 이는 매우 중요한 문제다. 누가 보기에도 분명한 결론이 나는 문제가 있다. 모두의 공분을 일으키는 주제가 있다. 그럼에도 사회자는 중립을 지켜야 한다. 이성적인 대중은 공정하고 합리적인 게임을 통해 자기편이 이기기를 바라기 때문이다.

이전에 독도 논쟁이 활발할 때 산케이신문의 구로다 특파원이 왔다. 그와 세 번 만났는데, 그때는 언론 보도 제목이 '손석희-구로다 3차 대결' 이렇게 났다. 구로다 특파원이 신문사 사장에게 "꼭 손석희와 인터뷰 해야 한다."고 했다더라.

그래서인지 나중에 가니 그쪽 부장 7명이 아무 말 안 하고 나를 둘러싼 가운데 사장이 나에 관한 자료 파일을 이만큼 보여 주며 내 과거 이력을 다 얘기하더라. '기죽이기'지.

당시 게시판에도 "꼭 구로다를 깨라." "사회자 말고 패널 하라."는 시청자 의견이 넘쳤다. 그래서 토론 중 그에게 공격성 질문을 몇 개 던졌다. 그 후에 엄청난 비난을 받았다. "공정한 게임에서 이겨야 자기주장이 합리화된다."는 게 시청자들의 생각임을 그때야 알았다.

아무리 상대방이 비겁하게 나오더라도 토론의 사회자는 철저히 중립을 지키면서 토론을 이끌어야 합니다. 위에서 손석희 씨는 사회자는 아무리 자기 의견이 중요하고, 또 필요하나 하더니도 게임을 공정하게 진행하는 게 일차적인 역할임을 잊지 않아야 한다는 교훈을 들려 줍니다. 그게 토론을 지켜보는 청중 모두가 진정으로 바라는 것이라는 걸 알게 된 것입니다.

따라서 토론의 사회자는 어떤 경우라도 심판관으로서의 공정한 역할을 잊으면 안 됩니다. 토론에 승리하고 여론에 지는 경우가 있는데, 바로 사회자가 중립적인 자리에서 토론을 공정하게 이끌지 못했을 때 나타나는 결과입니다.

셋째, 맺고 끊는 역할을 정확하게 합니다.

손석희 씨는 토론을 활성화하면서도 과열되지 않게 하는 것, 그것이 토론 사회자의 역할임을 강조합니다. 2005년 손석희 씨는 가장 영향력 있는 언론인 1위, 가장 신뢰도 높은 언론인 1위의 자리를 동시에 차지합니다. 언론인으로서는 매우 영예로운 자리에 오른 것이지요.

『오마이뉴스』와의 인터뷰에서 그는 "토론회에서 좋은 사회자란 어떤 역할을 하는 사람인가?"라는 질문을 받고 이렇게 답했습니다.

사안에 따라 개입할 수도 손 놓고 있을 수도 있다. 예를 들어 지난번 여야 의원들이 나와 연정 문제를 토론할 때는 나 없이도 잘 흘러갔다. 제작진이 시간을 재 보니 100분에서 50분을 내가 개입하지 않은 걸로 나타났다. 토론자들은 각각 논거를 갖고 나오고 사회자는 논거를 잘 풀 수 있도록 도와주는 입장이어야 한다. 논의가 잘못된 방향으로 간다면 어쩔 수 없이 개입해야 하지만. 성공회대 최영묵 교수가 "때로는 방화범의 역할, 때로는 소방수의 역할을 할 때도 있다."고 표현했는데 아주 정확한 표현이다.

    –『오마이뉴스』 2005년 10월 19일, 「내 역할, 때론 방화범 때론 소방수」에서

사회자는 자기가 목표로 한 방향으로 토론을 이끌어 가는 것이 아니라 토론자 각자가 자기 논거를 가지고 활발하게 토론을 해 나가도록 도와주되 개입은 최소화해야 합니다. 논의가 잘못된 방향으로 흘러간 경우에는 불가피하게 개입하되 방화범과 소방수의 역할을 적절히 해야 한다는 말입니다. 토론이 지지부진하고 논의가 맥이 없으면 방화범으로서 활기를 불어넣고, 토론이 과열되어 냉정을 찾아야 할 때는 소방수로서 토론의 흐름을 진정시켜야 한다는 뜻입니다.

토론은 사회자의 역할에 따라서 자연스럽고 원활하게 진행될 수도 있고 엉뚱한 방향으로 흘러갈 수도 있습니다. 토론을 할 때 사회자를 눈여겨보면 그 토론의 흐름과 결말이 어떠할지 짐작할 수 있지요. 하루아침에 이루어지지는 않지만, 좋은 사회자를 목표로 많은 연습을 해 보기를 권유합니다.

10

톨민을 활용하라

– 토론과 글쓰기

주혁 선생님, 말을 잘하는 사람과 글을 잘 쓰는 사람이랑 누가 더 똑똑할까요?

선생님 그런 질문이 제대로 성립하나? 그래 주혁이 생각은 어때?

주혁 저야……. 잘 모르겠어요. 토론을 많이 하다 보니 토론 실력, 말하는 힘은 많이 길러진 것 같은데, 아직도 글을 잘 못 쓰겠거든요. 이제는 많은 사람들 앞에 서서 말을 하는 것은 두렵지 않은데, 원고지 앞에만 앉으면 하얀 공포가 밀려 와요.

선생님 하얀 공포라, 표현이 멋지구나. 너는 논술보다도 문학적 글쓰기가 더 잘 어울리겠는걸?

주혁 아이, 놀리지 마시고요. 자기감정을 표현하는 문학적 글쓰기도 중요하지만 요즘 사회에서는 논리적인 글쓰기의 필요성이 갈수록 높아지고 있잖아요. 고등학교를 갈 때나 대학을 갈 때 입시 전형 자료나 방식도 거의 글쓰기를 필요로 하고요. 토론도 잘 하면 좋지만 토론을 글로 연결하려면 어떻게 해야 하나요?

선생님 그래. 말은 우리가 걸음걸이 배우듯 저절로 배웠지만, 글쓰기는 그렇지 않지. 토론의 정신과 기술을 배우듯 글쓰기도 그 과정이 필요한데, 글쓰기를 잘하기 위해서는 지성의 근육이 발달해야 하는 거란다.

주혁 와, 지성의 근육이라니, 선생님이야말로 문학적이신 걸요?

선생님 즉, 많이 읽고, 많이 생각하고, 많이 써 보는 훈련의 과정 없이는 글을 잘 쓸 수 없다는 거지. 특히 논리적인 실용 글쓰기의 경우에는 이런 과정이 꼭 필요하단다.

주혁 그럼 논리적인 글을 잘 쓰는 뾰족한 방법은 없는 건가요?

선생님 왜 없겠니? 툴민의 글쓰기 6단계 방법을 익히면 글도 잘 쓰고 말하기 실력도 향상시킬 수 있단다.

주혁 툴민의 글쓰기 6단계 방법이라……. 글을 잘 쓰기 위한 비법 같은 건가요? 말하기 실력까지 향상된다니 갑자기 궁금해지네요.

선생님 그래. 그럼 우리 같이 알아볼까?

글쓰기는 왜 어려운가?

  프랑스 대학 입학 자격시험인 '바칼로레아'에는 이런 시험 문제가 나온다고 합니다.

  '꿈은 필요한가, 사랑이 의무일 수 있는가, 행복은 인간에게 도달 불가능한 것인가, 감각을 믿을 수 있는가, 인류가 한 가지 언어만을 말하는 것은 바람직한가……'

  과연 우리 학생들이 이런 주제로 자유롭게 토론을 하고 글도 쓸 수 있을까요? 어른들한테도 쉽지 않게 느껴지는 이런 문제들에 대해 프랑스 고등학생들이 글을 쓸 수 있는 것은, 역시 꾸준한 독서와 토론, 그리고 글쓰기 연습 때문이겠지요.

  토론과 논술은 별개이므로 토론 공부와 논술 공부는 별도로 이루어져야 할까요? 물론 아닙니다. 흔히 '토론은 말로 하는 논술이고, 논술은 글로 쓰는 토론'이라고 합니다. 토론과 논술은 별개가 아니라 일란성 쌍생아처럼 닮아 있으므로, 이 둘이 서로 상호작용을 할 수 있도록 함께 공부를 하는 것이 좋습니다.

  그렇다면 논리적인 글을 쓸 때는 꼭 '서론 – 본론 – 결론'의 3단계 전개 과정을 거쳐야 할까요? 역시 아닙니다. 도입과 전개, 그리고 결론의 과정이 들어가기는 하지만 반드시 어떤 정형화된 글을 써야 한다는 법은 없습니다. '기 – 승 – 전 – 결'의 4단계 글쓰기도 가능하고, 스티븐 톨민(Stephen Toulmin)의 '글쓰기 6단계'처럼 독자적으로 개발된 쉬운 글쓰기 방법도 있습니다.

토론을 처음 가르칠 때 말을 잘하지 못하는 학생들을 보면 가슴이 답답합니다. 하지만 말을 잘 못 하는 학생이 갑자기 말을 잘할 수는 없을 텐데, 그래도 무언가 생각의 틀을 잡아 논리적으로 말을 할 수 있도록 이끄는 방법이 있지 않을까요?

우선 도구를 활용하는 쉽고 재미난 참여형 토론 방식을 다양하게 활용해서 자기 주변의 생활 이야기를 풀어내게 하는 방법이 있겠지요. 또 토론 과정을 녹취한 녹취록을 활용하는 것도 효과적입니다.

토론을 글쓰기로 연결하는 방법

녹취록에는 토론의 과정 속에서 드러난 주장과 근거, 그 근거에 대한 비판과 반론 등이 담겨 있기 때문에, 이를 통해 자연스럽게 논술 주제에 따른 글쓰기 형식을 익힐 수 있습니다. 그래서 토론 시간이 넉넉하다면, 토론의 긴장감은 떨어지더라도 중간에 정리하는 시간을 주는 것이 논리적인 글쓰기에는 매우 효과적입니다.

예를 들면 원탁 토론의 경우 전원이 1차 발언을 2분씩 합니다. 원탁 토론의 1차 발언은 찬반 토론의 입론에 해당하는 내용으로 토론자들이 자기주장과 그 근거를 말합니다. 2차 발언에서는 다른 토론자들의 논거에 대한 질문과 비판을 하게 되는데, 그 사이에 3분 정도 시간을 주어서 자기가 반론할 내용을 정리하도록 합니다. 그러면 그 시간을 이용하여 학생들은 자신의 생각과 반론의 근거들을 만들어 내는 여유를 가질 수 있겠지요.

　물론 토론만이 목적이라면 이런 글쓰기는 별도의 시간에 학습해야 합니다. 시간 여유가 있고, 교육 목표를 토론 실력 향상과 더불어 글쓰기 능력을 높이는 데까지 염두에 두고 있다면, 이렇게 토론하기와 글쓰기를 연결하여 병행하는 것이 매우 효과적입니다.

　2차 발언이 끝난 뒤 반론과 재반론을 하는 3차 발언 사이에도 이런 시간을 주고, 마찬가지 방법으로 최종 발언을 하기 전에도 따로 정리할 시간을 주면, 학생들의 녹취록이 자연스럽게 한 편의 논술 글이 됩니다.

　토론은 1차 발언(입론), 2, 3차 반론과 재반론 혹은 반론 꺾기, 그리고 마지막 결론의 순서로 진행되지요. 논술도 대체로 주장과 근거, 그리고 반론에 대한 고려와 자기 관점으로 다른 관점 비판하기, 그리고 결론 쓰기 등으로 이루어집니다. 이를 통해 토론의 논리적인 사고 과정이 글쓰기에도 매우 효과적일 것이라는 사실을 짐작할 수 있습니다.

툴민의 6단계 모델을 통한 글쓰기

　선생님들 중에서는 토론을 할 때 학생들의 발언 시간이 너무 짧아서 고민이신 분들도 계실 것입니다. 대부분의 선생님들이 토론을 지도하는 과정에서 부딪치는 문제 중의 하나가, 말을 잘 못 하는 학생들을 어떻게 하면 토론을 잘할 수 있도록 할까 하는 문제입니다.

물론 이 상황에서 토론을 잘 못 한다거나 말을 잘 못 하는 이유는 여러 가지가 있습니다. 배경지식이 적어서 말을 못 할 수도 있고, 아는 것은 많지만 수줍거나 남들 앞에서 말하는 게 어색해서 말을 못 할 수도 있습니다. 그러다 보니 공적인 말하기인 발표나 토론을 할 때, 학생들이 말을 길게 하지 못하고 대강 얼버무리거나 짧게 말하고 마치는 경우가 많습니다.

초등학생들과 실제로 오랜 시간 토론을 하고 그 경험을 책으로 펴낸 여희숙 선생님은, 토론 교육을 하면 학생들이 말을 길게 할 수 있다고 이야기합니다. 그 선생님께서 쓰신 두 권의 책이 있습니다. 『책 읽는 교실』(파란자전거, 2009)과 『토론하는 교실』(파란자전거, 2009)이 그것인데, 『책 읽는 교실』이란 책에 보면 이런 대목이 나옵니다.

토론 공부를 시작한 초기에 우리 반 아이들의 평균 발언 시간은 16초에 지나지 않았습니다. (189쪽)
처음에는 3분 동안 말하는 것이 너무 길다고 말하던 아이들도 어느 정도 토론을 하고 나면 시간이 너무 짧다고 말하는 날이 옵니다. (207쪽)

다른 선생님들도 마찬가지지만 저 역시 비슷한 고민을 했습니다. 참가자들에게 간단한 질문을 던지고 참가자 전원이 자연스럽게 참여하는 가벼운 토론을 자주 시켜 보아도 학생들의 발언 시간에는 큰 변화가 없었습니다. 말하기에 대한 부담을 줄여 주려고 나름대로 시간을 내어 꾸준히 참여식 토론을 진행해 보았지만, 말하기에 대한 학생들의 자신감이 크게 향상되지 못하고 정체되어 있는 느낌이었습니다.

많이 읽고, 많이 생각하고, 많이 말해 보는 방법으로는 실질적인 말하기 능력을 길러 주는 데 한계가 있다고 느낄 무렵, 새롭게 만나게 된 것이 바로 톨민의 '글쓰기 6단계' 모델이었습니다.

가. 글쓰기 6단계의 등장

글쓰기 6단계는 스티븐 톨민이 영국 캠브리지 대학 박사 학위 논문 「논술의 활용」(1958)에서 처음 발표한 것입니다. 글쓰기 6단계 과정에는 모두 여섯 가지의 요소가 들어 있습니다. 처음에는 전통 논리에 반발한 특이한 방법이라는 이유로 영국 학계에서 지탄의 대상이 되었습니다. 하지만 30여 년이 지난 1990년에 톨민은 미국 토론학회가 토론 분야에서 탁월한 업적을 세운 학자와 공로자에게 수여하는 큰 상을 받게 됩니다. 그 후 미국에서 토론과 작문의 핵심 이론으로 '톨민 모델'이 등장하게 되었으며, 국제 토론 챔피언 대회에서도 쓰이게 되었습니다. 우리나라에는 2000년에 포항공대 김병원 교수님에 의해 보급되어 현재 논술 토론 공부에서 가장 널리 이용되고 있습니다.

나. 글쓰기 6단계의 형식

글쓰기 6단계는 매우 논리적이며 문단의 형식을 잘 갖추고 있어서 말하기나 글쓰기에 매우 유리합니다. '안건 – 결론 – 이유 – 설명 – 반론 – 정리'라는 6단계에 맞추어 생각을 전개하기 때문이지요. '안·결·이·설·반·정'이라고 기억해 두면 좋습니다.

> 안건 − 결론 − 이유 − 설명 − 반론 − 정리

❶ 1단계 : 안건 − 어떤 일이 일어난 상황을 요약하여 제시합니다.
(주인공 − 상황 − 동기 − 행동 − 결말)

❷ 2단계 : 결론 − '안건'에 대한 결론을 제시합니다.

❸ 3단계 : 이유 − '결론'을 내린 이유를 말합니다.

❹ 4단계 : 설명 − '결론'에 대해 자세하게 설명합니다.

❺ 5단계 : 반론 − '결론'에 대한 반대 의견을 생각하며 자신의 의견을 더욱 강하게 표현합니다.

❻ 6단계 : 정리 − 앞에 나온 이야기들과 예외 상황 등을 종합해 정리합니다.

다. 6단 논법 사용 방법

이제 구체적으로 6단계를 설명해 보도록 하겠습니다.

❶ 안건 − 주제 속에서 안건을 정합니다. 대립적인 논제를 설정하는 것이 토론의 가장 기본이라는 것은 다 아시지요? 안건은 찬성과 반대가 공존해야 합니다. 그러므로 '~이다', '~해야 한다'와 같은 명제형도 좋고, '~인가?', '~해야 하는가?' 등의 질문형을 사용해도 됩니다. 다만, 결론을 정해 놓고도 찬성인지 반대인지 헷갈리는 문제를 제시해서는 안 되겠지요.

❷ 결론 – 찬성이냐, 반대냐에 대한 자신의 입장을 명확히 정합니다.

❸ 이유 – 이유는 구체적인 근거가 아니므로 추상적으로 많은 것을 포괄해야 합니다. 단, 이유는 한 가지만 말을 합니다. 혹시 여러 명이 한 팀이 되어 토론을 할 때에는, 찬성 측 제1 연사가 맨 처음으로 말할 때 안건에 대한 개념 정리를 하고 이유를 두세 가지 정도 말한 후 그 중 한 가지 이유에 대해 자세히 설명합니다. 나머지 이유에 대한 설명은 제2, 제3 연사들이 담당하면 되겠지요.

❹ 설명 – '~에 따르면', '예를 들면', '만약' 등의 어휘를 사용하여 '이유'의 타당성을 설명합니다. 실험 결과, 실증적인 것, 통계, 인용(신문 보도, 전문가의 의견 등), 신념, 비교, 비유, 사례 등을 듭니다. 이 '설명' 부분에서 토론의 승패를 좌우하는 체계적인 내용을 다루기 때문에, 설명하는 내용이 사실과 다르지 않

고 정확해야 합니다.

❺ 반론 꺾기 – 반대 의견, 반론이 있을 것이라고 예상하여 꺾는 것입니다. 상대방의 의견이나 설명에 대한 반론을 제기한 후 그 대안이나 해결 방법을 말하는 것입니다.

❻ 정리 – 어떤 일이든 예외가 있을 수 있습니다. 따라서 '~하지 않는 한', '~에 달려 있지만', '사람에 따라 다를 수도 있겠지만', '상황에 따라 예외가 있을 수 있지만' 등의 예외를 포함하여 앞에서 말한 내용을 총 정리합니다.

이상이 돌민이 말한 글쓰기 6단계입니다. 어떠신가요? 한번 해 볼 만하지 않으신가요? 톨민의 글쓰기 모델은 총 6단계로 이루어져 있으나, 학년 수준을 고려하여 저학년의 경우에는 처음 3단계까지만, 그다음엔 4단계, 마지막엔 6단계까지 단계적으로 연습하는 것도 좋습니다.

라. 6단 논법의 예시

❶ 안건 – 사랑의 매는 필요한가?

❷ 결론 – 사랑의 매는 필요 없다.

❸ 이유 – 진정한 사랑이란 물리적인 체벌보다는 아이가 잘못을 깨닫고 뉘우칠 수 있도록 대화를 통해 부드럽게 타이르는 것이기 때문이다.

❹ 설명 – 무조건 아이를 야단치고 윽박지르고 때리기보다는 아이가 스스로 잘못을 깨닫게 하여 똑같은 잘못을 되풀이하지 않도

록 해야 한다. 아이를 야단칠 때에는 방으로 불러 잘못을 말해
주고 해명할 기회도 주어야 한다. 많은 경우, 부모가 성급하게
오해했을 가능성도 있기 때문이다.

❺ 반론 꺾기 – 그런데 말로 아이를 타이르는 것이 잘못을 즉각적
으로 깨닫게 하는 데 오히려 비효율적이라고 할 수도 있다. 하지
만, '사랑'이라는 이름으로 매를 이용해 잘잘못을 가리는 것은,
자칫 잘못하다가 아이에게 지울 수 없는 상처와 공포심을 유발
할 수 있다. 때문에 감정적으로 상황을 무마시키기 위해 매를 들
기보다는, 아이를 따로 불러 "네가 엄마였다면 이럴 경우에 어
떻게 하겠니?"라고 물으며 부모의 입장을 이해할 기회를 주어야
한다. 그리고 잘못에 대해 아주 엄하고 분명하게 말하면, 닫힌
공간에서 부모의 눈을 똑바로 바라봐야 하는 아이는 자신의 행
동을 신중히 되돌아보게 될 것이다. 따라서 이런 방법이 매보다
훨씬 효과적이다.

❻ 정리 – 그러므로 진정으로 아이를 대할 줄 아는 부모에게는 굳
이 사랑의 매는 필요하지 않다. 다만 차가운 머리로 아이의 잘못
이 무엇인지 명확하게 판단하고 대화를 통해 확실하게 꾸짖으
며, 따뜻한 가슴으로 아이를 포용할 수 있는 자제력과 인내심이
필요할 뿐이다.

마. 글쓰기 6단계의 유용성

글쓰기 6단계는 우리 일상에서 다양하고 유용하게 쓸 수 있는 말하

기 방법이며, 논술문 쓰기의 기초가 되고, 면접 구술시험에서도 활용할 수 있습니다.

말하기와 글쓰기 훈련에 있어서 '글쓰기 6단계'의 장점을 알아볼까요?

우리가 '글쓰기 6단계'에 따라 말하기를 하면, 첫째, 머릿속에 있는 모형에 따라 생각을 전개하므로 말의 논리가 정연해집니다. 둘째, 모형에 따라 말하기 때문에 발언 시간이 길어지고 말하는 능력이 향상됩니다. 셋째, 상대방의 논리 전개를 예상하며 핵심을 요약할 수 있습니다. 넷째, 이유를 따져 보고 반론을 탐구하는 과정에서 사고가 확장되고 정교해집니다. 다섯째, 자기중심적인 생각과 표현에서 벗어나 다른 사람의 생각을 이해하고 존중하는 태도를 갖게 됩니다.

이 원리에 따라 글쓰기를 하면, 첫째, 안건에 대한 결론을 먼저 내어 주장하는 두괄식 글쓰기를 하게 됩니다. 둘째, 이유를 빠뜨리지 않고 쓸 수 있습니다. 셋째, 반론을 고려하며 자신의 주장을 더욱 강화할 수 있습니다. 넷째, 상대방의 주장을 미리 예측하여서 답변을 준비할 수 있습니다.

이러한 글쓰기 훈련법은 현실 문제를 해결하기 위해 제시된 것으로 모든 사고 과정이 우리 생활 속에서 경험할 수 있는 요소들로 구성되어 있습니다. 사용자가 상황에 따라 전개 순서를 적절히 바꾸거나 필요 요소만을 선택할 수도 있습니다. 다른 유용한 수사학, 비교와 대조 등의 진술법과 병행하여 사용하면 더욱 효과적입니다.

토론과 글쓰기

　이상으로 툴민의 글쓰기 6단계를 살펴보았습니다. 많은 도움이 되셨는지요?

　학생들이 토론을 잘한다고 해서 글쓰기까지 잘하게 되는 것은 아닙니다. 토론과 글쓰기는 논리적 사고와 표현력 같은 부분에서 통하는 바도 많지만, 논리적인 글쓰기는 또 그 나름의 원칙과 원리를 가지고 있기 때문이죠. 여기서 논술의 기초와 전문적인 과정들을 다 다룰 수는 없지만, 그래도 토론 과정을 체계적으로 정리하고 툴민의 6단계 모델을 잘 활용하면 학생들이 논리적인 글쓰기의 힘과 즐거움을 맛볼 수 있을 것입니다.

• 톨민의 6단계 모델에 따른 개요서 작성의 예

안건	군복무 가산점 제도를 도입해야 한다.
결론	군복무 가산점 제도 도입을 반대한다.
이유와 설명과 반박 예상되는 반론과 재반박 (yes-but)	**1. 군가산점은 군 면제자, 장애인, 여성에 대한 역차별이다.** 　군가산점은 한정된 사람들을 위해 다른 사람의 권익을 침해하는 일이다. 국방의 의무를 위해 희생한 부분을 보상해 주는 것은 맞지만 다른 이들보다 '우대' 해 주는 일은 잘못된 일이다. 국민들 가운데 극소수를 위한 제도로서 평등권에 위배된다. **2. 가산점만이 유일한 보상책이 될 수 없다.** 　복무 기간에 대한 보상을 위해서는 각종 공무원 시험의 응시 연령이 연장되었고 취업 후에 호봉인상을 보장해 주고 있다. 그러나 이는 단순히 시간에 대한 보상일 수밖에 없으므로 취업과 직접적 관련이 있는 제도를 마련해야 한다. 　일부 취업 시험에만 적용되는 가산점이 아닌 취업과 직접적으로 연결될 수 있는 다양한 프로그램을 개발하여 모든 제대 군인에게 혜택이 돌아가도록 하는 것이 합리적이다. **3. 군가산점 제도는 군 병력을 유지, 증강해 나가기 위한 방안이다.** 　군가산점의 혜택을 보는 제대 군인은 약 2~3%라고 한다. 이처럼 소수를 위한 제도를 통해 정부는 큰돈을 들이지 않고 입대를 성스럽게 만들고 입대를 하지 않은 이들이 군대에 간 사람들에게 감사한 마음을 갖게 하려는 의도가 깔려 있다. **4. (반박에 대한 재반론)** 　가. 우대가 아니라 보상이라고 말하지만, 군가산점 제도는 시험을 보는 소수에게만 특혜를 주는 명백한 우대 제도이다. 　나. 가산점 제도 외에 다른 보상 방안이 없다고 말하지만, 머리를 맞대고 찾아보면 만들 수 있다. 의지가 문제다. 　다. 군관계자들은 군인들의 사기 진작을 위한 방편으로 군가산점을 이용한다고 말한다. 하지만 군의 사기는 군 자체의 정비와 정화를 통해 이루어져야 한다.
정리	1. 군가산점 제도는 보상이 아닌 특혜이므로 불가하다. 2. 소수에게가 아니라 전역자 전부에게 혜택이 돌아가는 보상 제도를 마련해야 한다. 3. 군대의 사기 진작은 가산점이 아닌 다른 보상으로 이루어져야 한다.

11

아리스토텔레스의 눈으로 보자

- 토론 삼 박자

설득의 **3요소**
파토스 (열정)
로고스 (이성)
에토스 (윤리)

아리스토텔레스

준서 야, 드디어 우리 모둠 토론 발표가 끝났어요!

선생님 그래, 애썼구나. 발표라는 말이 정확한 표현은 아니지만, 고생 많았구나.

준서 네. 그런데 선생님, 저는 아직도 우리가 왜 이렇게 힘들게 토론을 하는지 잘 모르겠어요.

선생님 공부는 열심히 했는데 배운 게 없다는 말이니?

준서 그건 아니고요, 무언가 많이 배웠다는 뿌듯함은 있는데, 머릿속에서 그게 잘 정리가 안 돼요.

선생님 하하, 그래서 '토론은 온몸으로 하는 공부'라고 초반에 말하지 않았니. 머릿속에 고정된 지식으로 남지 않아도 온몸으로 배우는 거라고.

준서 하지만 저는 머릿속에 토론이 딱 정리되어 남았으면 좋겠어요. 남들이 물어볼 때, "토론은 이런 거야, 토론 공부는 이런 점이 좋아." 하고 말할 수 있으면 더 설득력이 있잖아요.

선생님 그래, 네가 이제 남들을 설득하는 과정이나 방법, 의미 등을 깨달은 모양이구나. 대견스럽다. 안 그래도 설득하면 떠오르는 사람이 있지. 서양의 유명한 철학자 아리스토텔레스지.

준서 아리스토텔레스요?

선생님 그래, 서양 철학의 아버지라고 하는 플라톤의 제자인데, 플라톤만큼이나 유명하고 한 일이 많지.

준서 그 옛날에 아리스토텔레스가 토론에 대해서 이미 정리를 해 두었나요?

선생님 꼭 토론이라고 볼 수는 없는데, 설득을 위한 3가지 중요한 요소들을 정리해 놓은 것은 있지!

준서 그게 뭔가요, 선생님?

선생님 너 혹시 봉준호 감독이 만든 「괴물」이란 영화 봤니?

준서 네! 어느 날 한강에 괴물이 나타났다. 짜잔! 좀 징그럽기는 하지만 놀라우리만큼 유연하고 재빠른 괴물이 등장하고 그 괴물에 잡힌 여학생을 구하기 위해서 온 가족이 싸우는 멋진 영화잖아요.

선생님 그래, 잘 기억하고 있구나. 그 영화가 우리나라 최고의 흥행작 가운데 하나인데 그 이유를 잘 알고 있니?

준서 글쎄요. 그건 생각을 못 해 봤는데……. 그런데 괴물 영화가 설득이나 토론과 무슨 관계가 있나요?

선생님 최고의 흥행작이라는 말은 그만큼 관객들을 잘 설득했다는 말 아닐까? 관객들의 머리나 가슴에 호소할 설득적인 요소가 있으니 사람들이 영화를 보러 갔을 거고.

준서 듣고 보니 맞는 말씀인데, 그럼 도대체 왜 이 영화가 흥행에 성공한 걸까요? 저는 아무리 생각해도 토론이나 설득이라는 말이 떠오르지 않아요.

선생님 그래, 당장 떠오르지 않는 게 맞지. 그러면 우리 영화를 다시 보면서 차분히 생각해 볼까?

토론의 목표는 무엇인가?

토론은 기본적으로 싸움이므로, 모든 토론의 궁극적 목적은 다른 견해를 가진 사람과 논리적 대결을 벌여 승복시키는 데 있습니다. 그런데 과연 토론이 이런 뜻만 있을까요? 토론이 논리적인 싸움이라는 것과 상대방에 대한 설득의 한 과정인 점은 맞습니다. 하지만 논리적인 설득만을 궁극적인 목적으로 삼는다면 토론 현장은 늘 갈등만 발생할 것입니다. 그리고 토론 가운데는 '협상 토론' 처럼 나의 승리만이 아니라, 서로 윈윈(win-win)하는 토론도 있기 때문에 모든 토론이 논리적 싸움의 승리를 추구한다고 볼 수는 없습니다. 원탁 토론에서는 조화가 강조되고, 협상 토론처럼 승리보다 성공이 목표인 토론도 있지요.

우리는 앞에서 토론에 대한 공부를 해 왔습니다. 여러분들께서는 우리가 토론 교육을 통해서 궁극적으로 도달해야 할 목표가 무엇이라고 생각하십니까?

토론을 이해하고 평가하는 관점들은 다양합니다. 우리는 처음에 민주시민 교육을 위한 의사소통 능력의 개발이 토론의 목표라고 했습니다. 다양성을 존중해야 하는 시대에 서로 다름을 인정하고, 공동의 가치를 추구하는 길이 바로 토론이라고 했습니다. 나아가 토론 교육은 학생들이 소통 능력을 개발해 나가고, 그 전과 다르게 변화한 새로운 자기의 모습을 찾게 하는 데 있다고 했습니다.

나는 변화했는가?

먼저 시를 한 편 읽고 시작해 보겠습니다. 젊은 시인 안현미가 쓴 「합체」라는 시입니다.

우주 체험을 한 뒤에는 전과 똑같은 인간일 수 없다.
– 슈와이카트(우주 비행사)

하루종일 부훗눈이 내렸다
세로도 가로도 없는 그 공간을 '방'이라고 부를 수는 없었기에
우리는 '우주'라는 말을 발견했다

(중략)

하루종일 우주선처럼 둥둥 떠다녔다
사랑과 합체한 사랑은, 그리고 또 우리는
그후 '하나는 많고 둘은 부족한' 별의 거북무덤엔 다음처럼 기록되었다

사랑을 체험한 뒤에는 전과 똑같은 인간일 수 없다!
– 『이별의 재구성』(창비, 2009)

이 시에 인용된 우주 비행사 '러셀 슈와이카트(Russell Schweickart)'

> **러셀 슈와이카트** | 1935년 미국 뉴저지 주에서 태어났다. MIT를 졸업한 후 공군 조종사가 되었다. 이후 다시 MIT에 돌아가 공부하던 중 우주 비행사 모집에 응모하여 합격하고, 1969년 3월 아폴로 9호를 타고 지구를 돌았다.

는 멋진 말을 많이 남겼습니다.

　우주선에서 본 경치 중에서 가장 아름다운 것 중 하나가 해질 무렵의 소변이다. 한 번의 소변으로 천만 개 정도의 미세한 얼음 결정체가 생긴다. 그것이 태양 광선을 받아 일곱 가지 색으로 빛나면 뭐라 표현할 수 없을 만큼 아름답다. 믿기지 않을 정도로 아름답다.
　　　　　　　　　　　- 다치바나 다카시, 『우주로부터의 귀환』(청어람미디어, 2002), 57쪽

　우리가 평소 더럽다고 생각하는 것에도 이처럼 태양빛이 비치면 상상할 수 없는 아름다움이 생겨나듯, 갈등 많은 우리의 비루한 일상에도 토론의 빛이 비치면 소통하고 조화를 이루는 아름다운 삶이 펼쳐질 수 있을 것입니다.
　이 슈와이카트라는 우주 비행사의 고백이 가슴에 와 닿지 않습니까? 우주를 여행한 뒤에는 이전과 다른 사람이 되어 있어야 한다는 말. 그리고 보니 시인 안현미는 우리에게 사랑을 경험한 사람은 전과 달라져야 한다고 말을 건네네요.
　다시 김훈 선생이 어느 강연 자리에서 들려주신 이야기를 읽어 보면 이 시의 의미가 더욱 깊이 가슴에 와 닿을 것입니다.

　오늘 제가 읽은 책은 「근사록」. 옛날 주희 선생이 쓴 「근사록」이란 책을 읽었고 오후에는 퇴계의 「퇴계집」을 읽었습니다. 늘 옆에다 두고 읽는 책인데, 오늘 읽은 것은 특히 놀라웠습니다. 책을 읽는다는 것은 대체 무엇인가라는, 글을 쓴다는 이 짓은 대체 뭔가를 또 한 번 반성하게 하는 글입니다. 「근사록」이라는 책을 봤더니 책을 읽는다는 것은 대체 뭐냐? 주희 선생에게 가장 중요한 책은 「논어」와 「맹자」였습니다. 「논어」와 「맹자」를 읽고 나서 읽기 전과 후가 똑같다면 뭐

하러 읽느냐, 읽을 필요가 없다. 이것을 읽기 전과 후의 인간이 똑같다면, 구태여 그 어려운 것을 읽을 필요가 없고, 책이란 것은 있을 필요가 없다는 거죠. 그 말을 들으니까 과연 그렇구나 싶었어요. 책을 읽는 것은 무엇 때문인가 싶었어요.

그러므로 우리는 소통과 타자에 대한 배려를 목표로 하는 기나긴 토론 책을 읽은 지금, 처음 책을 읽을 때와 무엇이 달라졌는지를 돌아보아야 합니다. 만약 애벌레가 나비가 되듯, 토론을 통해서 무언가 거듭난 느낌을 받으셨다면 저의 보람이지만, 그렇지 않고 오늘도 어제와 다름이 없다면 저로서는 많이 반성을 해야겠지요.

자, 그럼 지금부터 아리스토텔레스가 말한 설득의 3요소가 토론에서는 어떻게 작동하는지 살펴보겠습니다.

영화 「괴물」 속의 진짜 '괴물'

우리나라 역대 흥행 최고의 자리를 차지하던 영화가 바뀌었지요. 제임스 카메론의 영화 「아바타」가 그 전까지 흥행 수위를 차지하던 「괴물」을 밀어내고 최고의 자리에 올랐습니다. 할리우드의 최고 흥행사였던 제임스 카메론의 야심작 「아바타」도 문명과 자연, 존재와 가상 현실, 영성과 과학 등 다양한 토론 요소를 포함하고 있습니다. 많은 사람들이 그 영화를 보았다는 것은 감동과 문제 제기라는 두 가지 측면에서 그 영화가 무척 뛰어났다는 것을 말해 줍니다.

여기에서 우리가 살펴볼 영화는 봉준호 감독의 영화 「괴물」입니다. 이 책을 마감하면서 갑자기 「괴물」이란 영화 이야기를 꺼내는 이유가 궁금하시지요? 일단 잠시 영화의 포스터를 보시면서 영화 「괴물」을 한 번 상기해 보시기 바랍니다.

여러분은 영화 「괴물」속에 나오는 괴물의 의미 혹은 역할이 무엇이라고 생각하시나요? 우리는 권선징악의 이념이나 선악, 혹은 흑백을 가르는 이분법적 사고에 길들여져 흔히 주인공이랑 싸우는 악당들을 절대 악이라 생각하는 경향이 있습니다. 물론 세상은 사필귀정(事必歸正), 정의의 승리로 이루어져야 하고, 권선징악(勸善懲惡), 악을 물리치고 선의 세상을 만들어야 합니다. 하지만 이런 분리된 사고 속에서 우리가 자칫 놓치기 쉬운 것은 정의와 선의 의미를 돋보이기 위해 등장하는 악당의 실체와 그 의미입니다. 다양성과 상대방을 존중하는 토론의 입장에서 보면 그들도 나름대로의 존재 가치와 의미가 있을 테니까요.

그렇다면 영화 「괴물」 속 괴물은 어떨까요? 자의에 의해서가 아니라 한강에 버려진 독극물에 의해서 만들어진, 무섭지만 어찌 보면 불쌍하기까지 한 그 '괴물' 말입니다. 사람을 잡아먹는다는 점에서 충분히 공포스럽고 끔찍하지만, 우리를 각성케 하고 변화하게 한다는 점에서 '괴물은 언제나 우리에게 다가오는 낯선 손님 혹은 진리' (김영민, 『영화인문학』(글항아리, 2009))가 아닐까요?

사실 영화 「괴물」 속의 진짜 괴물은 그 괴물을 만들어 낸 원인, 즉 미군이 한강에 버린 독극물이나 혹은 그 괴물을 둘러싼 정부, 언론, 미국 등 우리 사회를 움직이는 주요한 권력인 것입니다.

우리 현실 속의 '괴물'

그런데 문제는 우리 사회에 어느 날 갑자기 낯설게 나타나서 사람들을 혼비백산하게 하고 아이들을 잡아먹는 '괴물' 이 무엇이냐 하는 것이지요. 「괴물」 포스터를 눈여겨보면 재미난 광고 문구가 보입니다.

"한강에 괴물이 나타났다."

"아빠! 살려줘!"

"가족의 사투가 시작된다."

어느 날 우리 곁에 다가온 낯선 괴물. 아이들은 살려달라고 외쳐 대고, 집집마다 시작된 가족의 사투. 딱 여기까지 하면 떠오르는 단어가 있으신지요?

저는 여기에 딱 맞는 단어가 '논술'이라고 생각합니다. 어느 날 나타나서 대한민국을 입시 공포에 떨게 하고, 통합 논술이다 뭐다 해서 그 실체를 알지도 못하겠는데 아이들은 살려 달라(아빠! 살려 줘!)고 외쳐 대고, 결정적으로 집집마다 가족의 사투가 시작된 현실, 바로 논술과의 싸움이 아닐까요? 그리고 다시 세상에 나타난 입학사정관제와 구술 면접.

인간 세상에는 빛과 그림자가 있기 마련이므로 양면성이 있습니다만, 몇 년 전에 대대적으로 유행했다 지금은 잠잠해진 논술이나 최근 새로운 기세로 떠오르는 입학사정관제가 바로 그 괴물이 아닐까 합니다. 그리고 어쩌면 강요당하는 토론 수업이 다시 논술의 자리를 차지할지도 모르고요.

준비가 안 된 상태에서 모두에게 갑작스레 토론 수업을 하라고 하면 선생님들도 무척 당혹스럽겠지요. 아직 토론이 무엇인지, 어떻게 해야 하는지 감도 잘 안 잡히는데, 토론 수업을 하라면 마치 괴물을 맞닥뜨린 현서 아버지의 심정과 무엇이 다르겠습니까? 그러나 피할 수 없는 싸움이라면 맞서야 하고, 맞서려면 무기가 필요한데, 과연 그 무기는 무엇이 될까요?

이제 한 치도 양보할 수 없는 가족들과 괴물의 싸움! 영화 속에서 승리의 여신은 아버지의 손을 들어주었지만, 사랑스런 딸, 현서는 이미 이 세상 사람이 아니지요. 그렇게 아버지 송강호의 집에는 고아 신세로 매점을 전전하며 음식을 훔쳐 먹던 아이(세주)가 현서의 자리를 대신합니다.

'토론의 정의와 본질'에서 배운 토론의 정의를 다시 떠올려 보세요. 토론은 무엇이라 그랬지요? 예, 맞습니다. 토론은 '싸움'입니다. 다만 논리를 무기로 한다는 점에서 일반 싸움과는 다르다고 했습니다. 더불어 싸움의 목적은 승리가 아니라 질문하는 힘을 기르는 데 있다고도 하였지요. 현서를 구하기 위한 가족들의 싸움, 이 싸움에서 진정한 승리는 무엇이며, 가족들은 어떤 무기를 동원하여 싸움을 했을까요?

화염병과 화살이 상징하는 것

영화를 보면 주인공들은 할아버지의 죽음 끝에 한강변에서 괴물과 맞서고, 마침내 괴물을 잡습니다. 그런데 영화 속에서 주인공들이 사용한 무기를 잘 보면 우리가 토론을 잘할 수 있는 무기가 무엇인지를 알 수 있습니다. 토론이라는 괴물을 길들일 수 있는 강력한 무기를 얻을 수 있는 것이지요.

그럼 과연 그 무기는 무엇일까요? 바로 '화염병'과 '화살'입니다. 금기를 허용하지 않는 불같은 열정을 상징하는 화염병과 어떤 상황에서도 흔들리지 않는 차가운 이성을 의미하는 화살. 다음 포스터를 한번 보세요.

우선 남일(박해일)의 화염병이 눈에 띕니다. 말도 거칠고 행동도 과격하지만, 순수한 청년 남일은 화염병을 던져 괴물을 불사르려 합니다. 하지만 결정적인 순간에 화염병이 손에서 빠져 땅에 떨어지는 낭패감……. 화염병은 뜨겁지만 정확하게 괴물에게 가 닿지는 못합니다.

이때, 남주(배두나)의 화살이 없었다면 괴물의 급소에 정확히 불을 쏘아 넣을 수 없었겠지요. 조금 더딘 듯하지만, 냉정하고 침착한 자세로 괴물의 눈을 향해 쏜 화살의 속도와 정확성은 남일의 실패를 충분히 보충해 줍니다.

설득의 3요소를 제시한 아리스토텔레스라면 진리를 향한 남일의 화염병을 일컬어 뜨거운 파토스(열정)라 하고, 핵심을 찌르는 남주의 화살을 일러 차가운 로고스(이성)라 했겠지요.

그렇습니다. 토론에서도 이 뜨거운 열정과 차가운 이성이 조화를 이루지 못한다면 결국 사물이나 사건의 본질과 핵심에 다가가지 못하고 엉뚱한 곳에다 화살만 날리게 될 것입니다.

따뜻한 가슴과 차가운 머리, 학문을 공부하는 모든 사람들이 가져

야 할 자세를 나타내는 이
말은 토론에도 여지없이
적용됩니다.

설득의 3요소
파토스 (열정)
로고스 (이성)
에토스 (윤리)

　어떤 주제든지 금기 없이
자유롭고 열띠게 토론해 보
겠다는 뜨거운 정열, 파토스
(pathos)! 그 주제에 대해 다
양한 견해와 자료를 바탕으
로 논쟁의 핵심을 뚫고 들어
가겠다는 치밀한 이성, 로고
스(logos)! 이 둘이 조화를 이
루지 못한다면 토론은 그저 무의
미한 말싸움이나 감정싸움으로 그치고 말겠지요. 그래서 토론을 잘하
기 위해서는 화염병을 잘 던지고 화살을 잘 쏘아야 한다고 말합니다.
물론 진짜 화염병을 던지라는 뜻은 아닙니다. 그 정도로 삶에 대한 뜨
거운 열정을 지닐 때 진짜 멋진 토론을 할 수 있다는 말입니다. 화살
도 마찬가지고요.

설득의 마지막 요소는 윤리!

　그럼 아리스토텔레스가 말한 설득의 마지막 요소는 무엇일까요?

그것은 바로 윤리, 에토스(ethos)입니다. 국가나 사회가 강제한 외부의 도덕이나 규범이라는 잣대가 아닌 자기 내면의 윤리, 자기가 목표로 하는 세계를 향해 걸어가면서 지녀야 할 가치관이나 인생관이 바로 그것이지요.

영화「괴물」이 우리에게 던져 주는 에토스, 즉 윤리는 무엇일까요? 그건 바로 아버지 송강호가 딸을 지극히 사랑하는 마음이겠지요. 평소에는 어리버리하지만, 그래도 하나뿐인 핏줄을 구하기 위해 좌충우돌하는 송강호의 눈물겨운 노력은 가히 십 점 만점에 십 점을 줄 수 있을 만큼 절실합니다. 하지만 과연 그것만이 전부일까요?

송강호의 자식 사랑은 눈물겹긴 하지만, 봉준호 감독의 문제의식은 현서에 대한 아버지의 사랑이라는 차원을 뛰어넘고 있는 것은 아닌가 생각합니다. 이 영화가 70년대나 80년대 개봉되었다면 그 선에서 멈추었을지도 모릅니다. 괴물은 장엄하게 죽고, 주인공은 현서를 살려내고, 관객들은 박수를 치면서 안도감에 대리 만족을 느끼고…….

하지만 봉준호 감독은 화염병처럼 뜨거운 영화를 만들면서도 동시에 냉정하게 관객들의 심장을 향해 새로운 화살을 쏘아 갑니다. 송강호의 에토스가 자식에 대한 사랑이라면 봉준호의 에토스는 무엇일까요? 영화의 마지막 장면에 눈길을 돌려봅시다.

괴물이 사라진 한강. 손님 없는 매점에 주인공 송강호와 고아 아이가 둘이서 함께 밥을 먹습니다. 그렇지요. 봉준호의 에토스는 바로 '밥'입니다. 동학의 2대 교주 최시형 선생은 '밥이 하늘'이라고 했는데, 바로 이 생명인 밥을 나누어 먹는 장면이 이 영화의 에토스, 즉 공생의 윤리를 가르쳐 줍니다.

이 장면은 이 책의 처음에서 이야기한 진정한 소통의 모습을 보여 줍니다. 이미 해체된 가족. 그렇지만 주인공 송강호가 가족 없이 버림받고 떠도는 고아 아이를 받아들여 한 가족처럼 여기며 같이 밥을 먹고 살아가는 모습은, 우리 시대가 나아갈 윤리의 방향을 보여 줍니다.

친구도 가족도 낯선 타자로 다가오는 시대, 심지어는 혼란에 빠져 분열된 자아마저 낯설어 진정으로 내가 누구인지 말할 수 있는 사람이 많지 않은 시대, 이 시대의 가장 낮은 곳을 찾아온 아이와 함께 공존 공생하는 삶의 윤리, 그것이 봉준호의 에토스가 아닐까요?

결국 영화 「괴물」은 파토스와 로고스, 그리고 에토스라고 하는 설득의 3요소를 기가 막히게 잘 버무린 영화가 아닌가 싶습니다.

토론은 감성, 지성, 사랑이라는 온몸의 공부

토론 역시 마찬가지입니다. 토론을 하기 위해서는 뜨거운 열정이 필요합니다. 자기가 살고 있는 세상에 대한 관심이 그 열정의 출발점이지요.

학생들이 시사적인 문제에 관심을 갖고, 이런 문제들에 대한 올바른 관점을 세우면서도 자신의 견해와 다른 다양한 관점을 이해할 수 있도록 안내하고 이끄는 역할을 하는 사람들은 바로 선생님들입니다. 그러기 위해서는 선생님들이 먼저 우리 사회의 중요한 현상이나 사건들에 대해 관심을 가지고 문제를 제기하는 태도를 가질 필요가 있습니다.

열정을 뒷받침하기 위한 이성의 힘은 꾸준한 독서로 길러야겠지요. 동서양의 고전을 비롯한 인문 서적들을 꾸준히 섭렵하면서 탄탄한 논리의 힘을 키워 가려는 노력이 필요합니다.

신영복 선생님은 '독서는 삼독(三讀)'이라고 말합니다. 즉 처음에는 책을 읽고, 다음에는 책을 쓴 사람 즉 저자를 읽고, 마지막으로 자기 자신을 깊이 읽어야 한다는 것이지요. 처음에는 문자 읽기로 시작하지만 나중에 저자를 읽어 내고 마지막으로 자신을 깊이 있게 읽어 가다 보면, 새로운 진실에 조금씩 눈을 뜨게 되는 것입니다.

저는 토론 또한 '삼토(三討)'라고 생각합니다. 처음에는 논제를 가지고 토론하고, 다음에는 상대방을 읽어 내며 토론하고, 궁극적으로는 토론의 과정 속에서 자기 자신의 본성, 욕망과 토론하는 것이지요. 즉 자기 자신을 알아 가고 배워 가는 것이 토론의 마지막이고, 그것은 결국 자신과 세상에 대한 사랑이지요.

자신을 변화, 성장시키고 이웃을 끌어안아야 하는 이 '사랑'에 대한 말씀은 굳이 드리지 않아도 좋을 듯합니다. 앞서 김훈 선생님의 글에서 인용했듯이, 「근사록(近思錄)」을 쓴 주희 선생도 책을 읽은 뒤에 그 사람이 변하지 않았다면 그건 진정으로 책을 읽지 않은 것이라고 말씀하셨습니다. 그렇다면 사랑도 같지 않을까요? 앞에서 어느 시인이 이야기했듯이 무언가 내 삶에 변화가 왔다면, 그것은 어떤 사랑의 메시지가, 사랑의 힘이 내게 다가왔다는 뜻일 테니까요. 그런 의미에서 토론도 마찬가지입니다. 토론을 마치고 내 안에 어떠한 변화의 기운도 느껴지지 않는다면 그 토론은 의미가 없는 것이 아닐까요? 그런 의미에서 토론은 진정한 변화와 성장과 사랑의 공부여야 하지 않을지요.

마무리를 하는 마당에 다시 나희덕 시인의 「푸른밤」이라는 시의 마지막 구절이 떠오릅니다.

> 나의 생애는
> 모든 지름길을 돌아서
> 네게로 난 단 하나의 에움길이었다
>
> – 나희덕, 「푸른밤」

우리도 소통에 대한 이야기에서부터 사랑과 변화에 이르기까지, 토론에 대한 긴 여정을 에둘러 왔습니다. 우리들의 토론 공부야말로 진정한 자아를 찾아가는 기나긴 에움길이라는 말씀을 드리면서 이 책을 마칩니다. '토론의 전사' 2권 '디베이트의 방법을 찾다' 에서 다시 만나뵙기를 기원합니다.

토론의 전사 1 - 토론의 길을 열다

초판 1쇄 2018년 10월 20일 발행

지은이 ｜ 유동걸
펴낸이 ｜ 유덕열

기획 및 편집 ｜ 이진화, 박세희, 유덕열
표지 디자인 ｜ 박윤정
본문 디자인 ｜ 북팩토리

펴낸곳 ｜ 한결하늘
출판등록 ｜ 제2015-000012호
주소 ｜ 경기도 안산시 단원구 선삼로4길 11 (101호)
전화 ｜ (031) 8044-2869   **팩스** ｜ (031) 8084-2860
이메일 ｜ ydyull@hanmail.net

ISBN 979-11-88342-08-2 03170

*파본은 본사나 구입하신 서점에서 교환하여 드립니다.

이 도서의 국립중앙도서관 출판예정도서목록(CIP)은 서지정보유통지원시스템 홈페이지
(http://seoji.nl.go.kr)와 국가자료공동목록 시스템(http://www.nl.go.kr/kolisnet)에서
이용하실 수 있습니다.(CIP제어번호: CIP2018032994)